Italienska Kökets Hemligheter

En Smakresa till Solens Land

Sofia Rossi

INNEHÅLLSFÖRTECKNING

3

4

Helstekt lammlår med potatis, vitlök och rosmarin

Agnello al Forno

Ger 6 portioner

Italienare skulle servera detta lamm välstekt, men jag tycker att det smakar bäst när det är medium sällsynt, vilket är cirka 130 ° F på en direktavläst termometer. Efter stekning, låt lammet vila så att saften kan tränga in i mitten av köttet.

6 universalpotatisar, skalade och skurna i 1-tums bitar

3 matskedar olivolja

Salt och nymalen svartpeppar

1 lammben med ben, trimmat (ca 2,5 kg)

6 vitlöksklyftor finhackad

2 msk hackad färsk rosmarin

1.Sätt ett galler i mitten av ugnen. Värm ugnen till 350°F. Lägg potatisen i en stekpanna som är tillräckligt stor för att rymma köttet och potatisen utan att tränga ihop dem. Krydda med olja, salt och peppar.

2.Använd en liten kniv och gör ytliga snitt över lammet. Tillsätt lite vitlök och rosmarin i skårorna, lämna lite till potatisen. Strö över köttet generöst med salt och peppar. Ställ potatisen åt sidan och lägg i köttet med feta sidan upp.

3.Sätt in formen i ugnen och tillaga i 30 minuter. Vänd på potatisen. Stek ytterligare 30 till 45 minuter eller tills innertemperaturen på en snabbavläsningstermometer på den tjockaste delen av köttet bort från benet mäter 130°F. Ta ut formen från ugnen och lägg lammet på en skärbräda. Täck köttet med aluminiumfolie. Låt vila i minst 15 minuter innan du skär.

4.Testa om potatisen är kokt genom att sticka hål i den med en vass kniv. Om de behöver mer tillagning, sätt på ugnen till 400°F, sätt tillbaka pannan i ugnen och tillaga tills de är mjuka.

5.Skär lammet i skivor och servera varmt till potatisen.

Lammlår med citron, örter och vitlök

Agnello Steccato

Ger 6 portioner

Basilika, mynta, vitlök och citron parfymerar detta lammstek. När den väl är i ugnen är det inte mycket att göra. Det är den perfekta rätten för en liten middag eller söndagslunch. Tillsätt eventuellt lite potatis, morötter, rödbetor eller andra rotfrukter i stekpannan.

1 lammben, fint skivad (ca 3 pund)

2 vitlöksklyftor

2 msk hackad färsk basilika

1 msk hackad färsk mynta

1/4 dl nyriven Pecorino Romano eller Parmigiano-Reggiano

1 tsk citronskal

1 1/2 tsk torkad oregano

Salt och nymalen svartpeppar

2 matskedar olivolja

1.Sätt ett galler i mitten av ugnen. Värm ugnen till 425°F.

2.Finhacka vitlök, basilika och mynta. I en liten skål, rör blandningen med ost, citronskal och oregano. Tillsätt 1 tsk salt och nymalen peppar efter smak. Använd en liten kniv och skär genom köttet ca 1 cm djupt. Häll lite av örtblandningen i varje springa. Gnid in allt kött med oljan. Grilla i 15 minuter.

3.Sänk värmen till 350°F. Grilla ytterligare 1 timme eller tills köttet är medium sällsynt och innertemperaturen når 130°F på en direktavläst termometer insatt i den tjockaste delen men inte vidrör benet.

4.Ta ut lammet från ugnen och lägg på en skärbräda. Täck lammet med aluminiumfolie och låt det vila i 15 minuter innan det skivas. Servera varm.

Fylld zucchini med bräserat lamm

Ripiene zucchini

Ger 6 portioner

Ett lammlägg föder en folkmassa, men jag har ofta rester efter en liten middag. Sedan gör jag dessa läckra fyllda zucchini. Andra typer av tillagat kött eller till och med fågel kan ersättas.

2 till 3 skivor (1⁄2 tum tjocka) italienskt bröd

$1$1/4 kopp mjölk

1 pund kokt lamm

2 stora ägg

2 msk hackad färsk persilja

2 vitlöksklyftor finhackad

1⁄2 dl nyriven Pecorino Romano eller Parmigiano-Reggiano

Salt och nymalen svartpeppar

6 medelstora zucchini, tvättade och rengjorda

2 dl tomatsås, t.exMarinad

1.Sätt ett galler i mitten av ugnen. Värm ugnen till 425°F. Smörj en 13×9×2 tums ugnsform.

2.Ta bort skalet från brödet och bryt brödet i bitar. (Du bör ha ca 1 kopp.) Lägg bitarna i en medelstor skål, häll i mjölken och låt dem dra.

3.Mal köttet mycket fint i en matberedare. Överför till en stor skål. Tillsätt ägg, persilja, vitlök, blötlagt bröd, 1/4 dl ost och salt och peppar efter smak. Blanda väl.

4.Halvera zucchinin på längden. Skeda ur fröna. Fyll zucchinin med köttblandningen. Ordna zucchinin sida vid sida i pannan. Tillsätt såsen och strö över resterande ost.

5.Grädda i 35 till 40 minuter eller tills fyllningen är genomstekt och zucchinin är mjuk. Servera varm eller i rumstemperatur.

Kanin med vitt vin och örter

Vitt vin Coniglio

Ger 4 portioner

Detta är ett grundläggande liguriskt kaninrecept som kan varieras genom att lägga till svarta eller gröna oliver eller andra örter. Kockar i denna region förbereder kanin på många olika sätt, inklusive med pinjenötter, svamp eller kronärtskockor.

1 kanin (2 1⁄2 till 3 pund), skuren i 8 bitar

Salt och nymalen svartpeppar

3 matskedar olivolja

1 liten lök finhackad

$1$1/2 dl morot finhackad

$1$1/2 dl selleri finhackad

1 msk hackade färska rosmarinblad

1 tsk hackad färsk timjan

1 lagerblad

1 1/2 kopp torrt vitt vin

1 dl kycklingbuljong

1.Skölj kaninbitarna och torka dem med hushållspapper. Strö över salt och peppar.

2.Värm oljan på medelhög värme i en stor stekpanna. Lägg i kaninen och bryn lätt på alla sidor, ca 15 minuter.

3.Strö lök, morötter, selleri och örter runt kaninbitarna och koka tills löken är mjuk, cirka 5 minuter.

4.Tillsätt vinet och låt koka upp. Koka tills det mesta av vätskan har avdunstat, cirka 2 minuter. Tillsätt buljongen och låt koka upp. Sänk värmen till ett minimum. Täck pannan och koka kaninen, vänd då och då med en tång, tills den är mjuk när den genomborras med en gaffel, cirka 30 minuter.

5.Överför kaninen till ett serveringsfat. Täck över och håll varmt. Öka värmen och låt koka innehållet i pannan tills det reducerats och tjocknat, cirka 2 minuter. Kasta lagerbladet.

6.Häll innehållet i pannan över kaninen och servera genast.

Kanin med oliver

Coniglio alla stimperata

Ger 4 portioner

*Röd paprika, gröna oliver och kapris kryddar denna
silianska kaninrätt. Termen alla stimperata används på
flera sicilianska recept, men dess innebörd är oklar. Det kan
komma från temperare, som betyder "att lösa upp, späda
eller blanda", och syftar på att tillsätta vatten till grytan
medan kaninen lagar mat.*

1 kanin (2 1⁄2 till 3 pund), skuren i 8 bitar

1 1/4 kopp olivolja

3 vitlöksklyftor, hackade

1 kopp urkärnade gröna oliver, sköljda och avrunna

2 röda paprikor, skurna i tunna strimlor

1 msk kapris, sköljd

Nypa oregano

Salt och nymalen svartpeppar

2 msk vitvinsvinäger

1 1/2 kopp vatten

1.Skölj kaninbitarna och torka dem med hushållspapper.

2.Värm oljan på medelhög värme i en stor stekpanna. Lägg i kaninen och bryn bitarna väl på alla sidor, ca 15 minuter. Lägg kaninbitarna på en tallrik.

3.Tillsätt vitlöken i pannan och koka i 1 minut. Tillsätt oliver, pimiento, kapris och oregano. Koka under omrörning i 2 minuter.

4.Lägg tillbaka kaninen i pannan. Krydda med salt och peppar. Tillsätt vinäger och vatten och låt koka upp. Sänk värmen till ett minimum. Täck över och koka, vänd på kaninen då och då, tills den är mjuk när den genomborras med en gaffel, cirka 30 minuter. Tillsätt lite vatten om vätskan har avdunstat. Lägg över till ett serveringsfat och servera varmt.

Kanin, porchetta stil

Coniglio i Porchetta

Ger 4 portioner

Kryddkombinationen för stekt fläsk är så läcker att kockar har anpassat den till annat kött som är lättare att tillaga. I regionen Marche används vild fänkål, men torkade fänkålsfrön kan ersättas.

1 kanin (2 1⁄2 till 3 pund), skuren i 8 bitar

Salt och nymalen svartpeppar

2 matskedar olivolja

2 uns bacon

3 vitlöksklyftor finhackad

2 msk hackad färsk rosmarin

1 msk fänkålsfrön

2 eller 3 salviablad

1 lagerblad

1 dl torrt vitt vin

$1$1/2 kopp vatten

1.Skölj kaninbitarna och torka dem med hushållspapper.
Strö över salt och peppar.

2.I en stekpanna som är tillräckligt stor för att hålla
kaninbitarna i ett enda lager, värm oljan över medelhög
värme. Lägg bitarna i pannan. Fördela baconet överallt.
Koka tills kaninen fått färg på ena sidan, cirka 8 minuter.

3.Vänd på kaninen och strö över vitlök, rosmarin, fänkål,
salvia och lagerblad. När kaninen är gyllenbrun på andra
sidan, ca 7 minuter, tillsätt vinet och rör om, skrapa
botten av pannan. Låt vinet puttra i 1 minut.

4.Koka utan lock, vänd köttet ibland, tills kaninen är
mycket mör och faller av benet, cirka 30 minuter.
(Tillsätt lite vatten om pannan blir för torr.)

5. Kasta lagerbladet. Lägg över kaninen på ett serveringsfat och servera varm med pannsaften.

Kanin med tomater

Coniglio alla Ciociara

Ger 4 portioner

I regionen Ciociara i utkanten av Rom, känd för sitt utsökta kök, tillagas kanin i tomatsås och vitt vin.

1 kanin (2 1/2 till 3 pund), skuren i 8 bitar

2 matskedar olivolja

2 uns pancetta, tjockt skivad och hackad

2 msk hackad färsk persilja

1 vitlöksklyfta, lätt krossad

Salt och nymalen svartpeppar

1 dl torrt vitt vin

2 dl plommontomater, skalade, kärnade och hackade

1.Skölj kaninbitarna och klappa dem sedan torra med hushållspapper. Hetta upp oljan i en stor stekpanna på medelhög värme. Lägg kaninen i pannan och tillsätt sedan pancetta, persilja och vitlök. Koka tills kaninen fått fin färg på alla sidor, cirka 15 minuter. Strö över salt och peppar.

2.Ta bort vitlöken från pannan och kassera. Tillsätt vinet och låt sjuda i 1 minut.

3.Sänk värmen till ett minimum. Tillsätt tomaterna och koka kaninen tills den är mjuk och faller av benet, ca 30 minuter.

4.Lägg över kaninen på ett serveringsfat och servera varm med såsen.

Sötsyrlig bräserad kanin

Coniglio i Agrodolce

Ger 4 portioner

Sicilianer är kända för sin sötsug, ett arv från minst två århundraden av arabiskt styre över ön. Russin, socker och vinäger ger denna kanin en lätt sötsyrlig smak.

1 kanin (2 1/2 till 3 pund), skuren i 8 bitar

2 matskedar olivolja

2 uns tjockskuren bacon, hackad

1 medelstor lök, finhackad

Salt och nymalen svartpeppar

1 dl torrt vitt vin

2 hela kryddnejlika

1 lagerblad

1 dl nöt- eller kycklingbuljong

1 sked socker

1 1/4 kopp vitvinsvinäger

2 msk russin

2 msk pinjenötter

2 msk hackad färsk persilja

1. Skölj kaninbitarna och klappa dem sedan torra med hushållspapper. Värm olja och bacon i en stor stekpanna på medelhög värme i 5 minuter. Tillsätt kaninen och stek tills den fått färg på ena sidan, cirka 8 minuter. Vänd på kaninbitarna med en tång och bred ut löken på alla sidor. Strö över salt och peppar.

2. Tillsätt vin, kryddnejlika och lagerblad. Koka upp vätskan och koka tills det mesta av vinet har avdunstat, cirka 2 minuter. Tillsätt buljongen och täck pannan. Sänk värmen till låg och koka kaninen tills den är mjuk, 30 till 45 minuter.

3.Lägg kaninbitarna på en tallrik. (Om det finns mycket vätska kvar, koka på hög värme tills det är reducerat.) Tillsätt socker, vinäger, russin och pinjenötter. Rör om tills sockret löst sig, ca 1 minut.

4.Lägg tillbaka kaninen i pannan och koka, släng bitarna i såsen tills den är väl täckt, cirka 5 minuter. Tillsätt persiljan och servera varm med pannsaften.

Stekt kanin med potatis

Coniglio Arrosto

Ger 4 portioner

Hemma hos min vän Dora Marzovilla börjar en söndagsmiddag eller en måltid för speciella tillfällen ofta med ett urval av krispigt möra rostade grönsaker som kronärtskockahjärtan eller sparris, följt av ångande skålar med hemlagad orecchiette eller cavatelli blandat med en läcker ragout av små bitar av köttbullar. Dora, som kommer från Rutigliano i Puglia, är en underbar kock och denna kaninrätt, som hon serverar som huvudrätt, är en av hennes specialiteter.

1 kanin (2 1/2 till 3 pund), skuren i 8 bitar

11/4 kopp olivolja

1 medelstor lök, finhackad

2 msk hackad färsk persilja

1/2 kopp torka med vin

Salt och nymalen svartpeppar

4 medelstora potatisar för alla ändamål, skalade och skurna i 1-tums klyftor

11/2 kopp vatten

11/2 tsk oregano

1.Skölj kaninbitarna och torka dem med hushållspapper. Värm två matskedar olja på medelhög värme i en stor stekpanna. Tillsätt kanin, lök och persilja. Koka i cirka 15 minuter, vänd bitarna då och då, tills de fått lite färg. Tillsätt vinet och koka i ytterligare 5 minuter. Strö över salt och peppar.

2.Sätt ett galler i mitten av ugnen. Värm ugnen till 425°F. Smörj en stekpanna som är tillräckligt stor för att rymma alla ingredienser i ett lager.

3.Fördela potatisen i pannan och blanda med de återstående 2 msk olja. Häll innehållet i pannan i pannan och lägg kaninbitarna runt potatisen. Tillsätt vattnet. Strö över oregano, salt och peppar. Täck pannan med aluminiumfolie. Rosta i 30 minuter. Avtäck och koka i ytterligare 20 minuter tills potatisen är mjuk.

4.Överför till ett serveringsfat. Servera varm.

marinerade kronärtskockor

Carciofi Marinati

Gör 6 till 8 portioner

Dessa kronärtskockor är idealiska i sallader, till pålägg eller som en del av ett antipasti-sortiment. Kronärtskockor kan förvaras i kylen i minst två veckor.

Om du inte har barnärtskockor, ersätt medelstora kronärtskockor skurna i åtta klyftor.

1 kopp vitvinsvinäger

2 koppar vatten

1 lagerblad

1 hel vitlöksklyfta

8 till 12 barnärtskockor, skivade och i fjärdedelar (seFör att förbereda hela kronärtskockor)

Nypa krossad röd paprika

Salt

Extra virgin olivolja

1.I en stor gryta, kombinera vinäger, vatten, lagerblad och vitlök. Koka upp vätskan.

2.Tillsätt kronärtskockorna, krossad rödpeppar och salt efter smak. Koka, genomborra med en kniv, tills de är mjuka, 7 till 10 minuter. Ta bort från elden. Häll innehållet i pannan genom en finmaskig sil i en skål. Spara vätskan.

3.Packa kronärtskockorna i steriliserade burkar. Häll i kokvätskan så att det täcker allt. Låt svalna helt. Täck och ställ i kylen i minst 24 timmar eller upp till 2 veckor.

4.För att servera, häll av kronärtskockorna och häll över olja.

romerska kronärtskockor

Carciofi alla Romana

Ger 8 portioner

Små gårdar i hela Rom producerar rikligt med färska kronärtskockor under kronärtskocksäsongen på våren och hösten. Små lastbilar tar dem till hörnmarknader där de säljs direkt från baksidan av lastbilen. Kronärtskockor har långa stjälkar och blad som fortfarande sitter fast, eftersom stjälkarna är lätta att äta när de är skalade. Romarna odlade kronärtskockor med stjälken uppåt. De ser väldigt attraktiva ut på ett serveringsfat.

2 stora vitlöksklyftor, fint hackade

2 msk hackad färsk persilja

1 msk hackad färsk mynta eller 1/2 tsk torkad mejram

Salt och nymalen svartpeppar

11/4 kopp olivolja

8 medelstora kronärtskockor, förberedda för fyllning (seFör att förbereda hela kronärtskockor)

11/2 kopp torrt vitt vin

1.I en liten skål, kombinera vitlök, persilja och mynta eller mejram. Krydda med salt och peppar. Tillsätt 1 matsked olja.

2.Bred försiktigt ut kronärtskocksbladen och tryck ut lite av vitlöksblandningen i mitten. Pressa kronärtskockorna lätt för att hålla i fyllningen och lägg dem med stammen uppåt i en kastrull som är tillräckligt stor för att hålla dem upprätt. Häll vinet runt kronärtskockorna. Tillsätt vatten till ett djup av 3/4 tum. Ringla över kronärtskockorna med den återstående oljan.

3.Täck pannan och låt vätskan sjuda på medelvärme. Koka i 45 minuter eller tills kronärtskockorna är mjuka när de sticks igenom med en kniv. Servera varm eller i rumstemperatur.

bräserade kronärtskockor

Carciofi Stufati

Ger 8 portioner

Kronärtskockor tillhör tistelfamiljen och växer på korta, buskiga plantor. De finns vilda på många ställen i södra Italien och många odlar dem i sina hemträdgårdar. En kronärtskocka är faktiskt en oöppnad blomma. Mycket stora kronärtskockor växer på toppen av busken, medan små spirar nära basen. Små kronärtskockor, ofta kallade barnärtskockor, är idealiska för bräsering. Förbered dem för tillagning som du skulle göra en större kronärtskocka. Dess smörsöta konsistens och smak passar särskilt bra till fisk.

1 liten lök finhackad

1 1/4 kopp olivolja

1 vitlöksklyfta finhackad

2 msk hackad färsk persilja

2 pund bebiskronärtskockor, trimmas och delas i fjärdedelar

$1$1/2 kopp vatten

Salt och nymalen svartpeppar

1. I en stor gryta, koka löken i oljan på medelvärme tills den precis mjuknat, cirka 10 minuter. Tillsätt vitlök och persilja.

2. Tillsätt kronärtskockorna i pannan och rör om väl. Tillsätt vatten och salt och peppar efter smak. Täck över och låt sjuda tills kronärtskockorna är mjuka när de sticks igenom med en kniv, ca 15 minuter. Servera varm eller i rumstemperatur.

Variation: I steg 2, tillsätt tre medelstora potatisar, skalade och skurna i 1-tums kuber, tillsammans med löken.

Kronärtskockor, judisk stil

Carciofi alla Giudia

Ger 4 portioner

Judarna anlände först under det första århundradet f.Kr. f.Kr. till Rom. De bosatte sig nära Tibern och låstes in i ett muromgärdat getto av påven Paul IV 1556. Många var fattiga och nöjde sig med de enkla, billiga livsmedel som fanns tillgängliga, som torsk, zucchini och kronärtskockor. När gettots murar föll i mitten av 1800-talet hade Roms judar utvecklat sin egen matlagningsstil, som senare fann nåd hos andra romare. Nuförtiden, judiska rätter som friterade fyllda zucchiniblommor,Semolina gnocchi, och dessa kronärtskockor anses vara romerska klassiker.

De judiska kvarteren i Rom finns fortfarande kvar och det finns flera bra restauranger där du kan prova den här typen av mat. På Piperno och Da Giggetto, två populära trattorior, serveras dessa stekta kronärtskockor varma med mycket salt. Bladen är krispiga som potatischips. Kronärtskockor kommer att stänka när du lagar mat, så håll dig borta från spisen och skydda dina händer.

4 mediumkronärtskockor, beredd som en fyllning

olivolja

Salt

1. Torka kronärtskockor. Lägg en kronärtskocka med botten uppåt på en plan yta. Tryck på kronärtskockan med handflatan för att platta till den och sprid ut bladen. Upprepa med resterande kronärtskockor. Vänd dem så att bladens spetsar är vända uppåt.

2. I en stor, djup stekpanna eller bred, tung gryta, värm cirka 2 tum olivolja över medelhög värme tills ett kronärtskockablad glider in i oljan och är lätt brynt. Skydda handen med en ugnsvante eftersom oljan kan stänka och stänka om kronärtskockorna är blöta. Lägg i kronärtskockorna, bladspetsarna ner. Koka kronärtskockorna, tryck ner dem i oljan med en hålslev, tills de är gyllenbruna på ena sidan, cirka 10 minuter.

Använd en tång, vänd försiktigt kronärtskockorna och koka tills de är gyllenbruna, ca 10 minuter till.

3.Låt rinna av på hushållspapper. Strö över salt och servera genast.

Romersk vårgrönsaksgryta

vignaolan

Gör 4 till 6 portioner

Italienarna är mycket i samklang med årstiderna och ankomsten av de första vårärtskockorna signalerar att vintern är över och att det varma vädret snart kommer tillbaka. För att fira äter romarna skålar med denna färska vårgrönsaksgryta med kronärtskockor som huvudrätt.

4 uns skivad bacon, hackad

1 1/4 kopp olivolja

1 medelstor lök hackad

4 mediumkronärtskockor, trimmas och delas i fjärdedelar

1 pund färska limabönor, skalade eller halverade för 1 kopp limabönor eller frysta limabönor

1/2 koppkycklingsoppa

Salt och nymalen svartpeppar

1 pund färska ärtor, skalade (ca 1 kopp)

2 msk hackad färsk persilja

1.I en stor stekpanna, stek pancettan i oljan på medelvärme. Rör om ofta tills pancetan börjar få färg, 5 minuter. Tillsätt löken och stek tills den är gyllenbrun, ca ytterligare 10 minuter.

2.Tillsätt kronärtskockor, bondbönor, buljong samt salt och peppar efter smak. Sänk värmen. Täck över och koka i 10 minuter eller tills kronärtskockorna är nästan mjuka när de sticks igenom med en kniv. Tillsätt ärtor och persilja och koka i ytterligare 5 minuter. Servera varm eller i rumstemperatur.

krispiga kronärtskockshjärtan

Carciofini Fritti

Gör 6 till 8 portioner

I USA odlas kronärtskockor främst i Kalifornien, där de först odlades av italienska immigranter i början av 1900-talet. Sorterna skiljer sig från de i Italien och plockas ofta mycket mogna, så de är ibland sega och träiga. Frysta kronärtskockshjärtan kan vara väldigt gott och spara mycket tid. Jag använder dem ibland till detta recept. Rostade kronärtskockshjärtan smakar gott till lammkotletter eller som förrätt.

12 bebiskronärtskockor, putsade och i fjärdedelar, eller 2 (10-ounce) förpackningar frysta kronärtskockshjärtan, lätt kokta enligt förpackningsanvisningar

3 stora ägg, vispade

Salt

2 dl torrt ströbröd

olja för stekning

Citronskivor

1. Torka färska eller kokta kronärtskockor. Vispa äggen med salt i en medelstor skål och smaka av. Bred ut ströbrödet på en plåt med vaxpapper.

2. Placera ett galler över en bakplåt. Doppa kronärtskockorna i äggblandningen och rulla dem sedan i smulorna. Före tillagning, lägg kronärtskockorna på gallret för att torka i minst 15 minuter.

3. Klä en bricka med hushållspapper. Häll olja i en stor, tung stekpanna till ett djup av 1 tum. Hetta upp oljan tills en droppe av äggblandningen fräser. Tillsätt precis tillräckligt med kronärtskockor för att passa bekvämt i pannan utan att överfulla dem. Koka bitarna, vänd med tång, tills de är gyllenbruna, cirka 4 minuter. Låt rinna av på hushållspapper och håll varmt medan du ev steker resterande kronärtskockor i omgångar.

4. Strö över salt och servera varm med citronklyftorna.

Fyllda kronärtskockor

Carciofi Ripieni

Ger 8 portioner

Så här lagade min mamma alltid kronärtskockor: det är en klassisk beredning i hela södra Italien. Det finns precis tillräckligt med fyllning för att krydda kronärtskockorna och förbättra deras smak. För mycket fyllning kommer att göra kronärtskockorna blöta och tunga. Öka därför inte mängden ströbröd och använd absolut ströbröd av god kvalitet. Kronärtskockor kan förberedas i förväg och serveras i rumstemperatur eller ätas varma och färska.

8 mediumkronärtskockor, förberedd för fyllning

3/4 dl torrt ströbröd

11/4 kopp hackad färsk persilja

1/4 dl nyriven Pecorino Romano eller Parmigiano-Reggiano

1 vitlöksklyfta, mycket fint hackad

Salt och nymalen svartpeppar

olivolja

1.Använd en stor kockkniv och hacka
kronärtskocksstjälkarna fint. Kasta stjälkarna i en stor
skål med ströbröd, persilja, ost, vitlök och salt och peppar
efter smak. Tillsätt lite olja och rör om så att smulorna
blir jämnt fuktade. Smaka av och justera kryddor.

2.Separera bladen försiktigt. Fyll mitten av
kronärtskockorna lätt med ströbrödsblandningen och
lägg även lite fyllning mellan bladen. Packa inte
fyllningen.

3.Lägg kronärtskockorna i en kastrull som är tillräckligt
bred för att hålla dem upprätt. Tillsätt vatten till ett djup
av 3/4 tum runt kronärtskockorna. Ringla
kronärtskockor med 3 msk olivolja.

4.Täck grytan och ställ över medelvärme. När vattnet
sjuder, sänk värmen till låg. Koka i cirka 40 till 50
minuter (beroende på storleken på kronärtskockorna)

eller tills botten på kronärtskockorna är mjuk när de sticks hål med en kniv och ett blad lossnar lätt. Tillsätt ytterligare varmt vatten om det behövs för att förhindra brännskador. Servera varm eller i rumstemperatur.

Fyllda kronärtskockor i siciliansk stil

Carciofi alla Siciliana

Ger 4 portioner

Siciliens varma och torra klimat är perfekt för att odla kronärtskockor. Växterna med sågtandade silverblad är väldigt vackra och används av många som prydnadsbuskar i sina hemträdgårdar. I slutet av säsongen öppnar kronärtskockorna som finns kvar på plantan helt, vilket avslöjar det fullt mogna strypgreppet i mitten, som är lila och buskigt.

Detta är det sicilianska sättet att fylla kronärtskockor, vilket är mer komplext än såFyllda kronärtskockorRecept. Servera som förrätt med grillad fisk eller lamm.

4 mediumkronärtskockor, förberedd för fyllning

11/2 kopp ströbröd

4 ansjovisfiléer, fint hackade

2 msk hackad, avrunnen kapris

2 msk rostade pinjenötter

2 msk gyllene russin

2 msk hackad färsk persilja

1 stor vitlöksklyfta, finhackad

Salt och nymalen svartpeppar

4 matskedar olivolja

11/2 kopp torrt vitt vin

Vatten

1.I en medelstor skål, kombinera ströbröd, ansjovis, kapris, pinjenötter, russin, persilja, vitlök och salt och peppar efter smak. Tillsätt två matskedar olja.

2.Separera bladen försiktigt. Fyll kronärtskockorna löst med ströbrödsblandningen och lägg i lite fyllning mellan bladen. Packa inte fyllningen.

3.Lägg kronärtskockorna i en kastrull som är tillräckligt stor för att hålla dem upprätt. Tillsätt vatten till ett djup av 3/4 tum runt kronärtskockorna. Ringla över resterande 2 msk olja. Häll vinet runt kronärtskockorna.

4.Täck grytan och ställ över medelvärme. När vattnet sjuder, sänk värmen till låg. Koka i 40 till 50 minuter (beroende på storleken på kronärtskockorna) eller tills botten på kronärtskockorna är mjuk när de sticks hål med en kniv och ett blad lätt faller av. Tillsätt ytterligare varmt vatten om det behövs för att förhindra brännskador. Servera varm eller i rumstemperatur.

Sparris "i pannan"

Sparris i padella

Gör 4 till 6 portioner

Denna sparris steks snabbt. Tillsätt hackad vitlök eller färska örter om så önskas.

3 matskedar olivolja

1 pund sparris

Salt och nymalen svartpeppar

2 msk hackad färsk persilja

1. Skär basen på sparrisen där stjälken övergår från vit till grön. Skär sparrisen i 5 cm bitar.

2. Värm oljan på medelhög värme i en stor stekpanna. Tillsätt sparrisen samt salt och peppar efter smak. Koka, rör om ofta, i 5 minuter eller tills sparrisen är lätt brynt.

3.Täck pannan och koka ytterligare 2 minuter eller tills sparrisen är mjuk. Tillsätt persilja och servera genast.

Sparris med olja och vinäger

Sparris sallad

Gör 4 till 6 portioner

Så fort de första närodlade stjälkarna dyker upp på våren förbereder jag dem och äter en stor mängd för att tillfredsställa suget som har uppstått under den långa vintern. Släng sparrisen i dressingen medan den fortfarande är varm så att den kan dra åt sig aromen.

1 pund sparris

Salt

$1$1/4 kopp extra virgin olivolja

1 till 2 matskedar rödvinsvinäger

nymalen svartpeppar

1.Skär basen på sparrisen där stjälken övergår från vit till grön. Koka upp ca 5 cm vatten i en stor kastrull. Tillsätt sparrisen och salt efter smak. Koka tills sparrisen fördubblas i storlek något när den lyfts från skaftet, 4 till 8 minuter. Tillagningstiden beror på sparrisens tjocklek. Ta bort bultarna med en tång. Låt rinna av på hushållspapper och klappa torrt.

2. I en stor, grund skål, blanda ihop olja, vinäger, en nypa salt och mycket peppar. Vispa med en gaffel tills det blandas. Tillsätt sparrisen och rör försiktigt tills den precis är täckt. Servera varm eller i rumstemperatur.

Sparris med citronsmör

Sparris och åsna

Gör 4 till 6 portioner

Sparris tillagad på detta enkla sätt går bra med nästan allt, från ägg till fisk till kött. Som en variant, tillsätt hackad färsk gräslök, persilja eller basilika till smöret.

1 pund sparris

Salt

2 msk osaltat smör, smält

1 msk färsk citronsaft

nymalen svartpeppar

1.Skär basen på sparrisen där stjälken övergår från vit till grön. Koka upp ca 5 cm vatten i en stor kastrull. Tillsätt sparrisen och salt efter smak. Koka tills sparrisen fördubblas i storlek något när den lyfts från skaftet, 4 till 8 minuter. Tillagningstiden beror på sparrisens tjocklek.

Ta bort bultarna med en tång. Låt rinna av och torka på hushållspapper.

2.Rengör pannan. Tillsätt smöret och koka på medelvärme tills det smält, ca 1 minut. Tillsätt citronsaften. Lägg tillbaka sparrisen i pannan. Strö över peppar och vänd försiktigt för att täcka med såsen. Servera omedelbart.

Sparris med olika såser

Gör 4 till 6 portioner

Kokt sparris kan serveras underbart i rumstemperatur med olika såser. De är idealiska för middag eftersom de kan förberedas i förväg. Det spelar ingen roll om de är tjocka eller tunna, men försök få tag i sparris som är ungefär lika stora så de kokar jämnt.

Olivolja majonnäs,Orange majonnäs, antingenGrön sås

1 pund sparris

Salt

1.Förbered vid behov såsen/såsen. Skär sedan basen av sparrisen vid den punkt där stjälken övergår från vit till grön.

2.Koka upp ca 5 cm vatten i en stor kastrull. Tillsätt sparrisen och salt efter smak. Koka tills sparrisen fördubblas i storlek något när den lyfts från skaftet, 4 till 8 minuter. Tillagningstiden beror på sparrisens tjocklek.

3.Ta bort bultarna med en tång. Låt rinna av och torka på hushållspapper. Servera sparrisen i rumstemperatur med en eller flera såser.

Sparris med kaprisdressing och ägg

Sparris med Caperi och Uove

Gör 4 till 6 portioner

I Trentino-Alto Adige och Veneto är tjock vit sparris en vårritual. De steks och kokas och läggs till risotto, soppor och sallader. En äggdopp är en typisk krydda, som den här med citronsaft, persilja och kapris.

1 pund sparris

Salt

$1$1/4 kopp olivolja

1 tsk färsk citronsaft

nymalen peppar

1 hårdkokt ägg, skuret i tärningar

2 msk hackad färsk persilja

1 msk kapris, sköljd och avrunnen

1.Skär basen på sparrisen där stjälken övergår från vit till grön. Koka upp ca 5 cm vatten i en stor kastrull. Tillsätt sparrisen och salt efter smak. Koka tills sparrisen fördubblas i storlek något när den lyfts från skaftet, 4 till 8 minuter. Tillagningstiden beror på sparrisens tjocklek. Ta bort bultarna med en tång. Låt rinna av och torka på hushållspapper.

2.I en liten skål, rör ihop oljan, citronsaften och en nypa salt och peppar. Tillsätt ägg, persilja och kapris.

3.Lägg upp sparrisen på ett serveringsfat och häll såsen över. Servera omedelbart.

Sparris med parmesan och smör

Sparris alla Parmigiana

Gör 4 till 6 portioner

Detta kallas ibland Asparagi alla Milanese (sparris i Milanostil), även om den äts i många olika regioner. Om du kan hitta vit sparris är den särskilt lämplig för denna behandling.

1 pund tjock sparris

Salt

2 msk osaltat smör

nymalen svartpeppar

1/2 dl nyriven Parmigiano-Reggiano

1.Skär basen på sparrisen där stjälken övergår från vit till grön. Koka upp ca 5 cm vatten i en stor kastrull. Tillsätt sparrisen och salt efter smak. Koka tills sparrisen fördubblas i storlek något när den lyfts från skaftet, 4 till

8 minuter. Tillagningstiden beror på sparrisens tjocklek. Ta bort bultarna med en tång. Låt rinna av och torka på hushållspapper.

2.Sätt ett galler i mitten av ugnen. Värm ugnen till 450°F. Smöra en stor ugnsform.

3.Lägg sparrisen sida vid sida i ugnsformen och överlappa dem något. Pensla med smör och strö över peppar och ost.

4.Grädda i 15 minuter eller tills osten har smält och fått färg. Servera omedelbart.

Sparris- och prosciuttoklasar

Fagott av Asparagi

Ger 4 portioner

För en mer rejäl rätt lägger jag ibland skivor av Fontina Valle d'Aosta, mozzarella eller annan ost som smälter bra på varje förpackning.

1 pund sparris

Salta och nymalen peppar

4 skivor importerad italiensk prosciutto

2 smörskedar

1/4 dl nyriven Parmigiano-Reggiano

1.Skär basen på sparrisen där stjälken övergår från vit till grön. Koka upp ca 5 cm vatten i en stor kastrull. Tillsätt sparrisen och salt efter smak. Koka tills sparrisen fördubblas i storlek något när den lyfts från skaftet, 4 till 8 minuter. Tillagningstiden beror på sparrisens tjocklek.

Ta bort bultarna med en tång. Låt rinna av på hushållspapper och klappa torrt.

2.Sätt ett galler i mitten av ugnen. Värm ugnen till 350°F. Smöra en stor ugnsform.

3.Smält smöret i en stor stekpanna. Tillsätt sparrisen och strö över salt och peppar. Använd två spatlar och vänd försiktigt ner sparrisen i smöret så att den blir väl belagd.

4.Dela sparrisen i 4 grupper. Placera varje grupp i mitten av en skiva Serranoskinka. Varva sparrisen med spetsarna av Serranoskinkan. Lägg paketen i ugnsformen. Strö över Parmigiano.

5.Grädda sparris i 15 minuter eller tills osten smälter och bildar en skorpa. Servera varm.

Rostad sparris

Sparris al Forno

Gör 4 till 6 portioner

Att rosta sparrisen brynar den och tar fram dess naturliga sötma. De är perfekta för att grilla kött. Du kan ta ut det tillagade köttet ur ugnen och baka sparrisen medan det vilar. Använd tjock sparris för detta recept.

1 pund sparris

$1$1/4 kopp olivolja

Salt

1. Sätt ett galler i mitten av ugnen. Värm ugnen till 450°F. Skär basen på sparrisen där stjälken övergår från vit till grön.

2. Lägg sparrisen på en bakplåt som är tillräckligt stor för att bilda ett enda lager. Ringla över olja och salt. Rulla sparrisen från sida till sida för att täcka den med olja.

3.Grädda 8 till 10 minuter eller tills sparrisen är mjuk.

Sparris i Zabaglione

Sparris allo Zabaione

Ger 6 portioner

Zabaglione är en fluffig vaniljsås som vanligtvis serveras sötad som efterrätt. I det här fallet vispas äggen med vitt vin och inget socker och serveras på sparris. Detta gör den till en elegant förrätt för en vårmåltid. Att skala sparrisen är valfritt men säkerställer att sparrisen är mör från topp till stjälk.

1½ pund sparris

2 stora äggulor

1¼ kopp torrt vitt vin

nypa salt

1 msk osaltat smör

1.Skär basen på sparrisen där stjälken övergår från vit till grön. För att skala sparris, börja under spetsen och använd en roterande knivskalare för att ta bort det mörkgröna skalet ända till slutet av stjälken.

2.Koka upp ca 5 cm vatten i en stor kastrull. Tillsätt sparrisen och salt efter smak. Koka tills sparrisen fördubblas i storlek något när den lyfts från skaftet, 4 till 8 minuter. Tillagningstiden beror på sparrisens tjocklek. Ta bort bultarna med en tång. Låt rinna av på hushållspapper och klappa torrt.

3.Koka upp ungefär en tum vatten i den nedre halvan av en kastrull eller dubbelpanna. Tillsätt äggulor, vin och salt i dubbelpannan eller i en värmesäker skål som passar bekvämt över grytan utan att röra vid vattnet.

4.Vispa äggblandningen tills den blandas och ställ sedan kastrullen eller skålen över det sjudande vattnet. Vispa med en elmixer eller en visp tills blandningen är blek i färgen och håller en slät form när visparna lyfts, ca 5 minuter. Vispa smör tills det blandas.

5.Häll den varma såsen över sparrisen och servera genast.

Sparris med Taleggio och pinjenötter

Sparris med Taleggio e Pinoli

Gör 6 till 8 portioner

Inte långt från Peck's, Milanos berömda gastronomia (gourmetmataffär), ligger Trattoria Milanese. Det är ett bra ställe att prova enkla, klassiska Lombardiska rätter, som den här sparrisen med Taleggio, en aromatisk, halvmjuk, smörig komjölkost gjord lokalt och en av Italiens bästa ostar.
Fontina eller Bel Paese kan ersättas om Taleggio inte är tillgänglig.

2 pund sparris

Salt

2 msk osaltat smör, smält

6 uns Taleggio, Fontina Valle d'Aosta eller Bel Paese, skuren i små bitar

1/4 dl hackade pinjenötter eller skivad mandel

1 msk ströbröd

1.Sätt ett galler i mitten av ugnen. Värm ugnen till 450°F. Smöra en 13 x 9 x 2 tums bakform.

2.Skär basen på sparrisen där stjälken övergår från vit till grön. För att skala sparris, börja under spetsen och använd en roterande knivskalare för att ta bort det mörkgröna skalet ända till slutet av stjälken.

3.Koka upp ca 5 cm vatten i en stor kastrull. Tillsätt sparrisen och salt efter smak. Koka tills sparrisen fördubblas i storlek något när den lyfts av stjälken, 4 till 8 minuter. Tillagningstiden beror på sparrisens tjocklek. Ta bort bultarna med en tång. Låt rinna av och torka på hushållspapper.

4.Lägg sparrisen i ugnsformen. Ringla över smöret. Fördela osten över sparrisen. Strö över nötterna och ströbrödet.

5.Grädda tills osten smält och nötterna är gyllenbruna, ca 15 minuter. Servera varm.

Dubba timpani

Formatini di sparris

Ger 6 portioner

En len och silkeslen vaniljsås som denna är en gammaldags preparat, men en som fortfarande är populär på många italienska restauranger, till stor del för att den är så läcker. Praktiskt taget alla grönsaker kan tillagas på detta sätt, och dessa små ramekins fungerar bra som vegetariskt tillbehör, som förrätt eller som huvudrätt. Sformatini, bokstavligen "små, unshaped saker", kan serveras vanlig, toppad med tomatsås eller ost, eller omgiven av sauterade grönsaker i smör.

1 koppBéchamel

1/2 pund sparris, hackad

3 stora ägg

1/4 dl nyriven Parmigiano-Reggiano

Salt och nymalen svartpeppar

1.Förbered eventuellt béchamelsåsen. Koka upp ca 5 cm
vatten i en stor kastrull. Tillsätt sparrisen och salt efter
smak. Koka tills sparrisen fördubblas i storlek något när
den lyfts av stjälken, 4 till 8 minuter. Tillagningstiden
beror på sparrisens tjocklek. Ta bort bultarna med en
tång. Låt rinna av och torka på hushållspapper. Skär bort
6 av spetsarna och spara dem.

2.Lägg sparrisen i en matberedare och bearbeta tills den är
slät. Blanda ägg, béchamel, ost, 1 tsk salt och peppar efter
smak.

3.Sätt ett galler i mitten av ugnen. Värm ugnen till 350°F.
Smör generöst sex ramekins eller vaniljsåsmuggar. Häll
sparrisblandningen i kopparna. Placera kopparna i en
stor långpanna och häll kokande vatten i pannan
halvvägs upp på kopparnas sidor.

4.Grädda i 50 till 60 minuter eller tills en kniv som sticks in
i mitten kommer ut ren. Ta bort ramekins från pannan
och kör en liten kniv runt kanten. Vänd upp ramekins på

serveringsfat. Toppa med de reserverade sparristopparna och servera varma.

Bönor i lantlig stil

Fagioli alla Paesana

Gör cirka 6 koppar bönor, portioner 10 till 12

Detta är en grundläggande tillagningsmetod för alla typer av bönor. Blötlagda bönor kan jäsa om de får stå i rumstemperatur, så jag lägger dem i kylen. När de är kokta, servera dem vanligt med en klick extra virgin olivolja eller tillsätt dem i soppor eller sallader.

1 pund tranbär, cannellini eller andra torra bönor

1 morot, hackad

1 stav selleri med blad

1 lök

2 vitlöksklyftor

2 matskedar olivolja

Salt

1. Skölj bönorna och spara dem för att ta bort eventuella trasiga bönor eller små stenar.

2. Lägg bönorna i en stor skål med kallt vatten tills de är 2 cm djupa. Kyl i 4 timmar till över natten.

3. Häll av bönorna och lägg dem i en stor kastrull med kallt vatten tills de når 1 tum djupa. Koka upp vattnet på medelvärme. Sänk värmen till låg och skumma bort eventuellt skum som stiger till toppen. När skummet slutar stiga, tillsätt grönsakerna och olivoljan.

4. Täck grytan och låt sjuda i 1,5 till 2 timmar, tillsätt mer vatten om det behövs, tills bönorna är väldigt mjuka och krämiga. Smaka av med salt och låt vila ca 10 minuter. Släng grönsakerna. Servera varm eller i rumstemperatur.

Toskanska bönor

Fagioli Stufati

Ger 6 portioner

Toscanerna är mästarna på att koka bönor. Du sjuder de torkade bönorna med örter i en knappt bubblande vätska. Lång, långsam tillagning ger möra, krämiga bönor som håller formen när de tillagas.

Testa alltid flera bönor för att se om de är kokta, eftersom alla inte tillagas samtidigt. Jag låter bönorna stå på spisen en stund efter tillagningen för att se till att de är kokta. De smakar gott varma och kan värmas upp perfekt.

Bönorna fungerar bra som tillbehör eller i soppor, eller prova dem på varmt, rostat italienskt bröd penslat med vitlök och ringlad med olja.

8 uns torkade cannellini, tranbär eller andra bönor

1 stor vitlöksklyfta, lätt krossad

6 färska salviablad eller en liten kvist rosmarin eller 3 kvistar färsk timjan

Salt

Extra virgin olivolja

nymalen svartpeppar

1.Skölj bönorna och spara dem för att ta bort eventuella trasiga bönor eller små stenar. Lägg bönorna i en stor skål med kallt vatten tills de är 2 cm djupa. Kyl i 4 timmar till över natten.

2.Värm ugnen till 300°F. Låt bönorna rinna av och placera dem i en holländsk ugn eller annan djup, tung gryta med tättslutande lock. Tillsätt färskt vatten för att täcka med 1 tum. Tillsätt vitlök och salvia. Låt koka upp på låg värme.

3.Täck grytan och ställ den på mitten av ugnen. Koka tills bönorna är väldigt mjuka, cirka 1 timme och 15 minuter, eller längre beroende på bönornas typ och ålder. Kontrollera då och då om det behövs mer vatten för att hålla bönorna täckta. Vissa bönor kan kräva ytterligare 30 minuters tillagningstid.

4.Prova bönorna. När de är väldigt möra, smaka av med salt. Låt bönorna vila i 10 minuter. Servera varm med en klick olivolja och en nypa svartpeppar.

bönsallad

Fagioli sallad

Ger 4 portioner

Att dressa bönorna medan de är varma hjälper dem att absorbera smakerna bättre.

2 matskedar extra virgin olivolja

2 matskedar färsk citronsaft

Salt och nymalen svartpeppar

2 koppar varma kokta bönor eller konserverade bönor, till exempel cannellinibönor eller tranbärsbönor

1 liten gul paprika, tärnad

1 dl körsbärstomater, halverade eller i fjärdedelar

2 salladslökar, skurna i 1/2-tums bitar

1 knippe ruccola, hackad

1.I en medelstor skål, rör ihop olja, citronsaft och salt och peppar efter smak. Häll av bönorna och lägg i dressingen. Blanda väl. Låt stå i 30 minuter.

2.Tillsätt paprika, tomater och lök och blanda. Smaka av och justera krydda.

3.Lägg ruccolan på ett fat och toppa med salladen. Servera omedelbart.

Bönor och kål

Fagioli och Cavolo

Ger 6 portioner

Servera den som förrätt istället för pasta eller soppa, eller som tillbehör till stekt fläsk eller kyckling.

2 uns pancetta (4 tjocka skivor), skuren i 1⁄2-tums remsor

2 matskedar olivolja

1 liten lök hackad

2 stora vitlöksklyftor

1⁄4 tsk krossad röd paprika

4 koppar strimlad vitkål

1 kopp hackade färska eller konserverade tomater

Salt

3 koppar kokta eller konserverade cannellini eller tranbärsbönor, avrunna

1.Koka pancettan i olivoljan i en stor stekpanna i 5 minuter. Tillsätt lök, vitlök och peppar och stek tills löken mjuknat, cirka 10 minuter.

2.Tillsätt kål, tomater och salt efter smak. Sänk värmen till låg och täck pannan. Koka 20 minuter eller tills kålen är mjuk. Tillsätt bönorna och koka i ytterligare 5 minuter. Servera varm.

Bönor i tomatsås och salvia

Fagioli all'Uccelletto

Ger 8 portioner

Dessa toskanska bönor är tillagade i stil med fågelvilt med salvia och tomater, därav deras italienska namn.

1 pund torkade cannellini eller Great Northern bönor, sköljda och plockade

Salt

2 kvistar färsk salvia

3 stora vitlöksklyftor

$1$1/4 kopp olivolja

3 stora tomater, skalade, kärnade och hackade, eller 2 dl konserverade tomater

1.Lägg bönorna i en stor skål med kallt vatten tills de är 2 cm djupa. Ställ dem i kylen och låt dem dra i 4 timmar till över natten.

2.Häll av bönorna och lägg dem i en stor kastrull med kallt vatten tills de når 1 tum djupa. Koka upp vätskan. Täck över och koka tills bönorna är precis mjuka, 1 1/2 till 2 timmar. Smaka av med salt och låt vila i 10 minuter.

3.I en stor gryta, koka salvia och vitlök i oljan på medelvärme, platta ut vitlöken med baksidan av en sked, tills vitlöken är gyllenbrun (ca 5 minuter). Tillsätt tomaterna.

4.Häll av bönorna och spara vätskan. Tillsätt bönorna i såsen. Koka i 10 minuter, tillsätt lite av den reserverade vätskan om bönorna torkar ut. Servera varm eller i rumstemperatur.

kikärtsgryta

Cecil i Zimino

Gör 4 till 6 portioner

Den här rejäla grytan smakar gott för sig, men du kan också göra den till en soppa med små kokta nudlar eller ris och vatten eller buljong.

1 medelstor lök hackad

1 vitlöksklyfta finhackad

4 matskedar olivolja

1 pund mangold eller spenat, rensad och hackad

Salt och nymalen svartpeppar

31/2 dl kokta eller konserverade kikärter, avrunna

Extra virgin olivolja

1. Fräs löken och vitlöken i oljan på medelvärme i en medelstor kastrull tills de är gyllenbruna, 10 minuter.

Tillsätt mangold och salt efter smak. Täck över och koka i 15 minuter.

2.Tillsätt kikärtorna med lite matlagningsvätska eller vatten och salta och peppra efter smak. Täck över och koka i ytterligare 30 minuter. Rör om då och då och mosa lite av kikärtorna med baksidan av en sked. Om blandningen blir för torr, tillsätt lite mer vätska.

3.Låt svalna något innan servering. Ringla över lite extra jungfruolja om så önskas

Bondbönor med bittra grönsaker

Favorit och Cicoria

Gör 4 till 6 portioner

Torkade bondbönor har en jordig, något bitter smak. När du köper, var uppmärksam på den skalade versionen. De är lite dyrare, men värt det för att undvika hårda skinn. De kokar också snabbare än bönor med skalet på. Torkade och skalade bondbönor kan hittas på etniska marknader och marknader som specialiserar sig på naturliga livsmedel.

Detta recept kommer från Puglia, där det praktiskt taget är nationalrätten. Alla typer av bittergrönt kan användas, såsom radicchio, broccoli rabe, kålrot eller maskros. Jag gillar att lägga till en nypa krossad röd paprika till grönsakerna när jag lagar mat, men det är inte traditionellt.

8 uns torkade bondbönor, skalade, sköljda och avrunna

1 medelkokande potatis, skalad och skuren i 1-tums bitar

Salt

1 pund radicchio eller maskrosgrönt, putsade

1$\frac{1}{4}$ kopp extra virgin olivolja

1 vitlöksklyfta finhackad

Nypa krossad röd paprika

1. Lägg bönor och potatis i en stor gryta. Tillsätt kallt vatten för att täcka med 1/2 tum. Koka upp och koka tills bönorna är väldigt mjuka, faller isär och allt vatten har absorberats.

2. Tillsätt salt efter smak. Mosa bönorna med baksidan av en sked eller en potatisstöt. Tillsätt oljan.

3. Koka upp en stor kastrull med vatten. Tillsätt grönsakerna och salt efter smak. Beroende på typ av grönsak, koka tills de är mjuka i 5 till 10 minuter. Dränera väl.

4. Torka krukan. Tillsätt olja, vitlök och krossad röd paprika. Koka på medelvärme tills vitlöken är gyllenbrun,

cirka 2 minuter. Tillsätt de avrunna grönsakerna och salt efter smak. Blanda väl.

5. Bred ut bönpurén på ett serveringsfat. Lägg grönsakerna ovanpå. Ringla över mer olja om det behövs. Servera varm eller varm.

Färska bondbönor romersk stil

Favorit alla Romana

Ger 4 portioner

Färska bondbönor i sina baljor är en viktig vårgrönsak i centrala och södra Italien. Romarna tar gärna bort dem från skalet och äter dem råa som tillbehör med ung pecorinoost. Bönorna ångas även med andra vårgrönsaker som snapsärtor och kronärtskockor.

Om bönorna är väldigt unga och möra är det inte nödvändigt att skala det tunna skalet som täcker varje böna. Prova att äta en med hud och en utan hud för att se om de är ömma.

Smaken och konsistensen på färska limabönor skiljer sig helt från torkade limabönor. Så ersätt dem inte med andra. Om du inte hittar dina färska favoritbönor, leta efter frysta bönor, som säljs på många marknader i Italien och Mellanöstern. Färska eller frysta limabönor passar också bra till den här rätten.

1 liten lök finhackad

4 uns bacon, tärnad

2 matskedar olivolja

4 pund färska limabönor, skalade (ca 3 koppar)

Salt och nymalen svartpeppar

1 1/4 kopp vatten

1. I en medelstor stekpanna, fräs löken och pancetta i olivoljan på medelvärme tills de är gyllenbruna, 10 minuter.

2. Tillsätt bönorna, salt och peppar och smaka av. Tillsätt vattnet och sänk värmen. Täck pannan och koka i 5 minuter eller tills bönorna är nästan mjuka.

3. Täck pannan och koka tills bönorna och pancettan är lätt brynt, cirka 5 minuter. Servera varm.

Färska bondbönor umbrisk stil

Scafata

Ger 6 portioner

Bondbönsköldorna ska vara fasta och skarpa, inte skrynkliga eller mjuka, vilket tyder på att de är för gamla. Ju mindre baljan är, desto mörare blir bönorna. Figur 1 pund färska limabönor i baljan till 1 kopp skalade limabönor.

2 1⁄2 pund färska limabönor, skalade eller 2 dl frysta limabönor

1 pund mangold, putsad och skuren i 1⁄2-tums remsor

1 hackad lök

1 medelstor morot, hackad

1 revben selleri, hackad

11/4 kopp olivolja

1 tsk salt

nymalen svartpeppar

1 medelmogen tomat, skalad, kärnad och hackad

1.I en medelstor kastrull, kombinera alla ingredienser utom tomaten. Täck över och låt sjuda, rör om då och då, tills bönorna är mjuka, 15 minuter. Om grönsakerna börjar klibba ihop, tillsätt lite vatten.

2.Tillsätt tomaten och koka utan lock i 5 minuter. Servera varm.

Broccoli med olja och citron

Broccoli al Agro

Ger 6 portioner

Detta är det grundläggande sättet att servera många typer av kokta grönsaker i södra Italien. De serveras alltid i rumstemperatur.

11/2 pund broccoli

Salt

11/4 kopp extra virgin olivolja

1 till 2 matskedar färsk citronsaft

Citronskivor att dekorera

1.Skär broccolin i stora buketter. Skär av ändarna på stjälkarna. Ta bort det hårda skalet med en grönsaksskalare med roterande blad. Skiva tjocka stjälkar på tvären i 1/4-tums skivor.

2. Koka upp en stor kastrull med vatten. Tillsätt broccoli och salt efter smak. Koka tills broccolin är mjuk, 5 till 7 minuter. Häll av och låt svalna något under kallt rinnande vatten.

3. Ringla broccolin med olja och citronsaft. Garnera med citronklyftorna. Servera i rumstemperatur.

Broccoli i parma-stil

Broccoli alla Parmigiana

Ger 4 portioner

För variation, gör den här rätten med en kombination av blomkål och broccoli.

1½ pund broccoli

Salt

3 matskedar osaltat smör

nymalen svartpeppar

½ dl nyriven Parmigiano-Reggiano

1. Skär broccolin i stora buketter. Skär av ändarna på stjälkarna. Ta bort det hårda skalet med en grönsaksskalare med roterande blad. Skiva tjocka stjälkar på tvären i 1/4-tums skivor.

2.Koka upp en stor kastrull med vatten. Tillsätt broccoli och salt efter smak. Koka tills broccolin är delvis kokt, ca 5 minuter. Häll av och kyl med kallt vatten.

3.Sätt ett galler i mitten av ugnen. Värm ugnen till 375°F. Smöra en ugnsform som är tillräckligt stor för att rymma broccolin.

4.Ordna spjuten på den förberedda plattan, överlappande något. Ringla över smöret och strö över peppar. Strö osten ovanpå.

5.Grädda i 10 minuter eller tills osten smält och lätt brynt. Servera varm.

Broccoli rabe med vitlök och varm peppar

Cime di marulk med pepperoncino

Ger 4 portioner

Det finns knappast något bättre än det här receptet när det gäller att krydda broccoli rabe. Den här rätten kan även göras med broccoli eller blomkål. Vissa versioner inkluderar några ansjovis sauterade med vitlök och olja, eller lägg till en handfull oliver för en välsmakande smak. Detta är också en utmärkt pastadressing.

11/2 pund broccoli rabe

Salt

3 matskedar olivolja

2 stora vitlöksklyftor, tunt skivade

Nypa krossad röd paprika

1. Dela broccoli rabe i buketter. Skär av basen på stjälkarna. Att skala stjälkarna är valfritt. Skär varje bukett på tvären i 2-3 bitar.

2. Koka upp en stor kastrull med vatten. Tillsätt broccoli rabe och salt efter smak. Koka tills broccolin nästan är mjuk, ca 5 minuter. Flyta iväg.

3. Torka av grytan och tillsätt olja, vitlök och röd paprika. Koka på medelvärme tills vitlöken är lätt brynt, cirka 2 minuter. Tillsätt broccoli och en nypa salt. Blanda väl. Täck över och koka tills de är mjuka, 3 minuter till. Servera varm eller i rumstemperatur.

Broccoli med prosciutto

Bräserad broccoli

Ger 4 portioner

Broccolin i detta recept tillagas tills den är tillräckligt mjuk för att mosa med en gaffel. Servera som tillbehör eller bred på rostat italienskt bröd till crostini.

11/2 pund broccoli

Salt

11/4 kopp olivolja

1 medelstor lök hackad

1 vitlöksklyfta finhackad

4 tunna skivor importerad italiensk prosciutto, skuren på tvären i tunna strimlor

1.Skär broccolin i stora buketter. Skär av ändarna på stjälkarna. Ta bort det hårda skalet med en grönsaksskalare med roterande blad. Skiva tjocka stjälkar på tvären i 1/4-tums skivor.

2.Koka upp en stor kastrull med vatten. Tillsätt broccoli och salt efter smak. Koka tills broccolin är delvis kokt, ca 5 minuter. Häll av och kyl med kallt vatten.

3.Torka grytan och tillsätt olja, lök och vitlök. Stek på medelvärme tills de är gyllenbruna, cirka 10 minuter. Tillsätt broccolin. Täck över och sänk värmen till låg. Koka tills broccolin är mjuk, ca 15 minuter.

4.Mosa broccolin med en potatisstöt eller gaffel. Tillsätt skinkan. Krydda med salt och peppar. Servera varm.

Brödsnacks med broccoli rabe

Mursi med Cime di Rape

Ger 4 portioner

En minestra kan vara en tjock soppa av pasta eller ris, eller en rejäl grönsaksrätt som den här från Puglia med brödtärningar. Även om den förmodligen uppfanns av en sparsam hemmafru med överblivet bröd och gott om munnar att mätta, är det gott nog för en förrätt eller som tillbehör med revbensspjäll eller fläskkotletter.

1½ pund broccoli rabe

3 vitlöksklyftor, tunt skivade

Nypa krossad röd paprika

⅓ kopp olivolja

4 till 6 skivor (1/2 tum tjocka) italienskt eller franskt bröd, skurna i små bitar

1. Dela broccoli rabe i buketter. Skär av basen på stjälkarna. Att skala stjälkarna är valfritt. Skär varje bukett på tvären i 1-tums bitar.

2. Koka upp en stor kastrull med vatten. Tillsätt broccoli rabe och salt efter smak. Koka tills broccolin nästan är mjuk, ca 5 minuter. Flyta iväg.

3. Fräs vitlök och röd paprika i en stor stekpanna i oljan i 1 minut. Tillsätt brödtärningarna och koka, rör om ofta, tills brödet är lätt rostat, cirka 3 minuter.

4. Tillsätt broccoli rabe och en nypa salt. Koka under omrörning i ytterligare 5 minuter. Servera varm.

Broccoli rabe med bacon och tomater

Cime di marulk al Pomodori

Ger 4 portioner

I det här receptet kompletterar den köttiga smaken av bacon, lök och tomater den djärva smaken av broccoli rabe. Detta är en annan rätt som passar utmärkt med varm pasta.

11/2 pund broccoli rabe

Salt

2 matskedar olivolja

2 tjocka skivor bacon, hackad

1 medelstor lök hackad

Nypa krossad röd paprika

1 kopp konserverade hackade tomater

2 msk torrt vitt vin eller vatten

1. Dela broccoli rabe i buketter. Skär av basen på stjälkarna. Att skala stjälkarna är valfritt. Skär varje bukett på tvären i 1-tums bitar.

2. Koka upp en stor kastrull med vatten. Tillsätt broccoli rabe och salt efter smak. Koka tills broccolin nästan är mjuk, ca 5 minuter. Flyta iväg.

3. Häll oljan i en stor stekpanna. Tillsätt pancetta, lök och röd paprika och stek på medelvärme tills löken är genomskinlig, cirka 5 minuter. Tillsätt tomater, vin och en nypa salt. Koka i ytterligare 10 minuter tills det tjocknat.

4. Tillsätt broccoli rabe och koka tills den är varm, cirka 2 minuter. Servera varm.

Små grönsakskakor

Frittelle di Erbe di Campo

Ger 8 portioner

På Sicilien är dessa små grönsakspannkakor gjorda av bittra vilda grönsaker. Du kan använda broccoli rabe, senapsgrönt, gurkört eller radicchio. Dessa små kakor äts traditionellt till påsk som förrätt eller tillbehör. De är kokvarma eller i rumstemperatur.

1 1⁄2 pund broccoli rabe

Salt

4 stora ägg

2 msk riven Caciocavallo eller Pecorino Romano

Salt och nymalen svartpeppar

2 matskedar olivolja

1. Dela broccoli rabe i buketter. Skär av basen på stjälkarna. Att skala stjälkarna är valfritt. Skär varje bukett på tvären i 1-tums bitar.

2. Koka upp en stor kastrull med vatten. Tillsätt broccoli rabe och salt efter smak. Koka tills broccolin nästan är mjuk, ca 5 minuter. Flyta iväg. Låt svalna något och krama sedan ur vattnet. Hacka broccoli rabe.

3. I en stor skål, vispa ihop ägg, ost och salt och peppar efter smak. Tillsätt grönsakerna.

4. Hetta upp oljan i en stor stekpanna på medelhög värme. Skopa ur en hög matsked av blandningen och tillsätt den i pannan. Platta ut blandningen med en sked till en liten pannkaka. Upprepa processen med den återstående blandningen. Stek ena sidan av kakan tills den fått lite färg, cirka 2 minuter, vänd den sedan med en spatel och stek den andra sidan tills den är gyllenbrun och genomstekt. Servera varm eller i rumstemperatur.

Rostad blomkål

Cavolfiore pommes frites

Ger 4 portioner

Prova att servera blomkål tillagad på detta sätt till någon som normalt inte tycker om denna mångsidiga grönsak, och du kommer säkerligen att göra en förändring. Den krispiga, ostliknande beläggningen skapar en utmärkt kontrast till den möra blomkålen. Dessa kan skickas runt som en festförrätt eller serveras som tillbehör till grillade kotletter. För bästa konsistens, servera direkt efter tillagning.

1 liten blomkål (ca 1 pund)

Salt

1 kopp torrt ströbröd

3 stora ägg

1/2 dl nyriven Parmigiano-Reggiano

nymalen svartpeppar

vegetabilisk olja

Citronskivor

1.Skär blomkålen i 5 cm buketter. Skär av ändarna på stjälkarna. Skiva tjocka stjälkar på tvären i 1/4-tums skivor.

2.Koka upp en stor kastrull med vatten. Tillsätt blomkålen och salt efter smak. Koka tills blomkålen nästan är mjuk, ca 5 minuter. Häll av och kyl med kallt vatten.

3.Lägg ströbrödet i en grund skål. I en liten skål, vispa ihop ägg, ost och salt och peppar efter smak. Doppa blomkålsbitarna i ägget och rulla dem sedan i ströbrödet. Låt torka på galler i 15 minuter.

4.Häll olja i en stor, djup stekpanna till ett djup av 1/2 tum. Värm på medelvärme tills en del av den tappade äggblandningen fräser i pannan och kokar snabbt. Klä under tiden en bricka med hushållspapper.

5.Lägg bara tillräckligt många bitar av blomkål i pannan så att de passar bekvämt utan att röra varandra. Koka, vänd med tång, tills de är gyllenbruna och krispiga, cirka 6 minuter. Låt blomkålen rinna av på hushållspapper. Upprepa med resterande blomkål.

6.Servera blomkålen varm med citronklyftor.

mosad blomkål

Purea di Cavolfiore

Ger 4 portioner

Även om det ser ut som vanligt potatismos är denna blomkålsmos mycket lättare och mer smakrik. Det är en trevlig omväxling från potatismos och kan till och med serveras med en rejäl gryta, som:Bräserad bifflägg.

1 liten blomkål (ca 1 pund)

3 medelkokta potatisar, skalade och delade i fjärdedelar

Salt

1 msk osaltat smör

2 msk riven Parmigiano-Reggiano

nymalen svartpeppar

1.Skär blomkålen i 5 cm buketter. Skär av ändarna på stjälkarna. Skiva tjocka stjälkar på tvären i 1/4-tums skivor.

2.I en kastrull som är tillräckligt stor för att rymma alla grönsaker, släng potatisen med 3 liter kallt vatten och salt efter smak. Koka upp och koka i 5 minuter.

3.Tillsätt blomkålen och koka tills grönsakerna är väldigt mjuka, ca 10 minuter. Låt blomkålen och potatisen rinna av. Vispa med elmixer eller stavmixer tills det är slätt. Vispa inte för hårt annars blir potatisen kladdig.

4.Tillsätt smör, ost, salt och peppar efter smak. Servera varm.

Rostad blomkål

Cavolfiore al Forno

Gör 4 till 6 portioner

Blomkålen blir mjuk och läcker när den rostas tills den får lite färg. Blanda till omväxling den kokta blomkålen med lite balsamvinäger.

1 medelstor blomkål (ca 1 1/2 pund)

1 1/4 kopp olivolja

Salt och nymalen svartpeppar

1. Skär blomkålen i 5 cm buketter. Skär av ändarna på stjälkarna. Skiva tjocka stjälkar på tvären i 1/4-tums skivor.

2. Sätt ett galler i mitten av ugnen. Värm ugnen till 350°F. Bred ut blomkålen i en långpanna som är tillräckligt stor för att hålla den i ett enda lager. Blanda med oljan och en rejäl nypa salt och peppar.

3.Grädda, rör om då och då, i 45 minuter eller tills blomkålen är mjuk och lätt brynt. Servera varm.

drunknade blomkål

Cavolfiore Stufato

Gör 4 till 6 portioner

Vissa människor säger att blomkål är mosig, men jag säger att dess milda smak och krämiga konsistens skapar en perfekt bakgrund för aromatiska ingredienser.

1 medelstor blomkål (ca 1 1/2 pund)

3 matskedar olivolja

1 1/4 kopp vatten

2 vitlöksklyftor, tunt skivade

Salt

1 1/2 dl milda svarta oliver, t.ex. B. Gaeta, kärna ur och skivad

4 hackade ansjovis (valfritt)

2 msk hackad färsk persilja

1.Skär blomkålen i 5 cm buketter. Skär av ändarna på stjälkarna. Skiva tjocka stjälkar på tvären i 1/4-tums skivor.

2.Häll oljan i en stor stekpanna och tillsätt blomkålen. Koka på medelvärme tills blomkålen börjar få färg. Tillsätt vatten, vitlök och en nypa salt. Täck över och låt sjuda tills blomkålen är mjuk när den stickas hål med en kniv och vattnet har avdunstat, ca 10 minuter.

3.Tillsätt oliver, ansjovis och persilja och blanda väl. Koka utan lock i ytterligare 2 minuter, rör om då och då. Servera varm.

Blomkål med persilja och lök

Cavolfiore trifolat

Gör 4 till 6 portioner

Lök, vitlök och persilja smaksätter denna blomkål när den försiktigt ångas i pannan.

1 medelstor blomkål (ca 1 1⁄2 pund)

2 matskedar olivolja

1 medelstor lök, tunt skivad

2 vitlöksklyftor finhackad

2 matskedar vatten

11/4 kopp hackad färsk persilja

Salt och nymalen svartpeppar

1.Skär blomkålen i 5 cm buketter. Skär av ändarna på stjälkarna. Ta bort det hårda skalet med en grönsaksskalare med roterande blad. Skiva tjocka stjälkar på tvären i 1/4-tums skivor.

2.Fräs löken och vitlöken i olivoljan i en stor stekpanna och stek i 5 minuter, rör om då och då.

3.Tillsätt blomkål, vatten, persilja samt salt och peppar efter smak. Blanda väl. Täck pannan och koka i ytterligare 15 minuter eller tills blomkålen är mjuk. Servera varm.

Smörringar

bussolai

Kraft 36

Dessa venetianska kakor är lätta att göra och en fröjd att njuta av hemma som mellanmål på dagen eller när gäster kommer över.

1 kopp socker

11/2 kopp (1 pinne) osaltat smör, vid rumstemperatur

3 stora äggulor

1 tsk citronskal

1 tsk apelsinskal

1 tsk rent vaniljextrakt

2 koppar universalmjöl

11/2 tsk salt

1 äggvita, vispad tills den är fluffig

1.Reservera 1/3 kopp socker.

2.I den stora skålen på en elektrisk mixer, vispa smöret med den återstående 2/3 kopp sockret på medelhastighet tills det är fluffigt, cirka 2 minuter. Rör ner äggulorna en i taget. Tillsätt citron- och apelsinskal och vaniljextrakt och vispa blandningen, skrapa ner sidorna av skålen, tills den är slät, cirka två minuter till.

3.Tillsätt mjöl och salt tills det är väl blandat. Forma degen till en boll. Slå in i plastfolie och kyl i 1 timme till över natten.

4.Värm ugnen till 180°C. Smörj två stora bakplåtar. Skär degen i 6 bitar. Dela varje bit igen i 6 delar. Rulla varje bit till ett 10 cm långt snöre, forma det till en ring och nåla ihop ändarna för att täta. Placera ringarna 1 tum från varandra på de förberedda bakplåtarna. Pensla lätt med äggvita och strö över resterande 1/3 dl socker.

5.Grädda i 15 minuter eller tills de är lätt gyllenbruna. Ha 2 trådkylställ redo.

6.Överför bakplåtarna till gallren. Låt kakorna svalna på bakplåtar i 5 minuter och överför sedan till galler för att svalna helt. Förvara i en lufttät behållare i upp till 2 veckor.

Citronknutar

tarralucci

Före 40

När jag växte upp gjorde alla italienska bagerier i Brooklyn, New York dessa uppfriskande sicilianska citronkakor. Jag gillar att servera dem med iste.

I varmt och fuktigt väder kan det hända att glasyren inte härdar vid rumstemperatur. Förvara i så fall kakorna i kylen.

4 koppar universalmjöl

4 teskedar bakpulver

1 kopp socker

1 1/2 kopp fast grönsaksfett

3 stora ägg

1 1/2 kopp mjölk

2 msk citronsaft

2 tsk citronskal

Isbildning

11/2 dl strösocker

1 msk färskpressad citronsaft

2 tsk citronskal

mjölk

1.Sikta mjöl och bakpulver på en bit vaxpapper.

2.I en stor skål, med en elektrisk mixer på medelhastighet, vispa sockret och matfettet tills det är ljust och fluffigt, cirka 2 minuter. Vispa äggen ett i taget tills det är väl blandat. Tillsätt mjölk, citronsaft och citronskal. Skrapa ner skålens sidor. Rör ner de torra ingredienserna tills den är slät, cirka 2 minuter. Täck med plastfolie och ställ i kylen i minst 1 timme.

3.Värm ugnen till 350°F. Ha 2 stora bakplåtar redo. Skär en bit deg som är lika stor som en golfboll. Rulla ihop degen lätt till ett 15 cm långt rep. Knyt repet till en knut. Lägg knuten på en osmord plåt. Fortsätt att göra knutarna, placera dem cirka 1 tum från varandra i bladen.

4.Grädda kakorna i 12 minuter eller tills de är fasta men inte bruna när de pressas. Ha 2 trådkylställ redo.

5.Överför bakplåtarna till gallren. Låt kakorna svalna på bakplåtar i 5 minuter och överför sedan till galler för att svalna helt.

6.Blanda strösocker, citronsaft och citronskal i en stor skål. Tillsätt mjölk, en tesked i taget, och rör om tills blandningen bildar ett tunt lager av glass konsistensen av grädde.

7.Doppa toppen av kakorna i glasyren. Lägg på galler tills glasyren stelnat. Förvaras i lufttäta behållare i upp till 3 dagar.

Kryddkakor

bicciolani

Gör 75

På Turins kaféer kan du beställa barjadada, en kombination av hälften kaffe och hälften varm choklad. Det skulle passa perfekt med dessa smöriga, tunna kryddkakor.

1 kopp (2 pinnar) osaltat smör, vid rumstemperatur

1 kopp socker

1 äggula

2 koppar universalmjöl

1 1/2 tsk salt

1 tsk mald kanel

1/8 tesked nyriven muskotnöt

1/8 tsk mald kryddnejlika

1.Värm ugnen till 350°F. Smörj en 15×10×1 tums gelémuffinsform.

2.Blanda mjöl, salt och kryddor i en skål.

3.I en stor skål med en elektrisk mixer, vispa smör, socker och äggulor på medelhastighet tills det är fluffigt, cirka 2 minuter. Sänk hastigheten till låg och tillsätt torra ingredienser tills de är väl blandade, ca 2 minuter till.

4.Smula degen i den förberedda pannan. Tryck fast degen ordentligt med händerna för att bilda ett jämnt lager. Använd baksidan av en gaffel för att göra grunda spår i toppen av degen.

5.Grädda i 25 till 30 minuter eller tills de är lätt gyllenbruna. Överför pannan till kylstället. Låt svalna i 10 minuter. Skär sedan degen i 2 x 1-tums kakor.

6.Låt svalna helt i pannan. Förvara i rumstemperatur i en lufttät behållare i upp till 2 veckor.

våffelkakor

Pizza

För ungefär två dussin sedan

Många familjer i centrala och södra Italien är stolta över sina pizzatallrikar, vackert utformade former som traditionellt används för att göra dessa vackra våfflor. Vissa tallrikar är graverade med den ursprungliga ägarens initialer, medan andra har silhuetter, som ett par som rostar ett glas vin. De var en gång en typisk bröllopspresent.

Även om de är charmiga, är dessa gammaldags strykjärn tunga och besvärliga på moderna spishällar. Med hjälp av en elektrisk pizzapress, liknande ett våffeljärn, kan dessa kakor pressas ut snabbt och effektivt.

Nygjorda pizzeller är flexibla och kan formas till formen av en kon, tub eller kopp. De kan fyllas med vispgrädde, glass, cannoli-grädde eller frukt. De blir kalla och krispiga på nolltid, så du måste arbeta snabbt och noggrant för att forma dem. Det är förstås också bra inspelningar.

13⁄4 dl oblekt universalmjöl

1 tsk bakpulver

nypa salt

3 stora ägg

2⁄3 kopp socker

1 msk rent vaniljextrakt

1 pinne (1⁄2 kopp) osaltat smör, smält och kylt

1.Förvärm pizzamaskinen enligt tillverkarens anvisningar. Blanda mjöl, bakpulver och salt i en skål.

2.I en stor skål, vispa ägg, socker och vanilj med en elektrisk mixer på medelhastighet tills det är fluffigt, cirka 4 minuter. Blanda smör. Tillsätt de torra ingredienserna tills de blandas, cirka 1 minut.

3.Lägg cirka 1 msk deg i mitten av varje pizzellform. (Den exakta mängden beror på formens design.) Stäng locket och grädda tills det är lätt gyllenbrunt. Detta beror på tillverkaren och hur länge formen värmdes. Kontrollera det noggrant efter 30 sekunder.

4.När pizzellerna är gyllenbruna, ta bort dem från formarna med en trä- eller plastspatel. Kyl på galler. Eller för att göra kakkoppar, böja varje pizzell runt kurvan på en bred kaffe- eller dessertkopp. För att göra cannoli-skal, forma dem runt cannoli-rör eller en träpinne.

5.När pizzellerna är svala och krispiga, förvara dem i en lufttät behållare tills de ska användas. Dessa pågår flera veckor.

Variation: Anis: Byt ut vaniljen mot 1 msk anisextrakt och 1 msk anisfrön. Apelsin eller citron: Tillsätt 1 msk riven färsk apelsin eller citronskal till äggblandningen. Rom eller mandel: Tillsätt 1 msk rom- eller mandelextrakt i stället för vaniljen. Valnöt: Tillsätt 1/4 dl malda valnötter till ett mycket fint pulver tillsammans med mjölet.

söt ravioli

Dolci ravioli

gör 2 dussin

Sylt fyller dessa krispiga dessertravioli. Vilken smak som helst duger så länge den har en tjock konsistens så att den stannar på plats och inte sipprar ur degen under gräddningen. Detta var ett av min fars favoritrecept, som fulländade det baserat på hans minnen av kakorna som hans mamma gjorde.

13⁄4 kopp universalmjöl

11/2 kopp potatis eller majsstärkelse

11/2 tsk salt

11/2 kopp (1 pinne) osaltat smör, vid rumstemperatur

11/2 kopp socker

1 stort ägg

2 msk rom eller konjak

1 tsk citronskal

1 tsk rent vaniljextrakt

1 kopp tjock, syrlig körsbärs-, hallon- eller aprikossylt

1. I en stor skål, blanda ihop mjöl, stärkelse och salt.

2. I en stor skål med en elektrisk mixer, vispa smör och socker tills det är fluffigt, cirka 2 minuter. Vispa ihop ägg, rom, zest och vanilj. Tillsätt de torra ingredienserna på låg hastighet.

3. Halvera degen. Forma varje halva till en skiva. Slå in var och en för sig i plastfolie och ställ i kylen i 1 timme till över natten.

4. Värm ugnen till 350°F. Smörj 2 stora bakplåtar.

5. Kavla ut degen till 1/8 tum tjocklek. Använd en pastaskärare eller räfflad deg och skär degen i 2-tums rutor. Placera rutorna cirka 1 tum från varandra på de förberedda bakplåtarna. Lägg en halv tesked sylt i mitten

av varje ruta. (Använd inte mer sylt, då tar fyllningen slut när du gräddar.)

6.Kavla ut resten av degen till en tjocklek av 0,35 cm. Skär degen i 2-tums rutor.

7.Täck sylten med degrutorna. Tryck till kanterna med en gaffel för att täta fyllningen.

8:a.Grädda 16 till 18 minuter eller tills de är lätt gyllenbruna. Ha 2 trådkylställ redo.

9.Överför bakplåtarna till gallren. Låt kakorna svalna på bakplåtar i 5 minuter och överför sedan till galler för att svalna helt. Strö över strösocker. Förvara i en lufttät behållare i upp till 1 vecka.

"Ful men goda" kakor

Brutti ma Buoni

gör 2 dussin

Namnet på dessa Piemontesiska kakor betyder "fula men bra". Namnet är bara till hälften sant: kakor är inte fula, men de är goda. Tekniken för deras produktion är ovanlig. Kakdegen tillagas i en gryta innan den gräddas.

3 stora äggvitor, rumstempererade

nypa salt

1 1/2 dl socker

1 kopp osötat kakaopulver

1 1/4 dl hasselnötter, rostade, skalade och grovt hackade (seHur man rostar och skalar nötter)

1.Värm ugnen till 300°F. Smörj 2 stora bakplåtar.

2.I en stor skål, använd en elektrisk mixer på medelhastighet, vispa äggvitorna och saltet tills det är fluffigt. Öka hastigheten till högt och tillsätt gradvis socker. Vispa tills det bildas mjuka toppar när du lyfter vispen.

3.Tillsätt kakaon på låg hastighet. Tillsätt hasselnötterna.

4.Häll blandningen i en stor, tung gryta. Koka på medelvärme under ständig omrörning med en träslev tills blandningen är blank och slät, cirka 5 minuter. Var försiktig så att du inte bränner dig.

5.Skeda genast den varma degen på de förberedda bakplåtarna. Grädda i 30 minuter eller tills den stelnat och något sprucken på ytan.

6.Medan kakorna fortfarande är varma, använd en tunn metallspatel för att överföra dem till ett galler för att svalna. Förvara i en lufttät behållare i upp till 2 veckor.

Jam platser

Biscotti di Marmellata

Före 40

Choklad, nötter och sylt är en lyckad kombination i dessa läckra kakor. De är alltid en hit på julkakor.

3/4 kopp (11/2 sticks) osaltat smör, i rumstemperatur

11/2 kopp socker

11/2 tsk salt

3 uns bittersöt choklad, smält och kyld

2 koppar universalmjöl

31/4 kopp finhackad mandel

11/2 kopp tjock, kärnfri hallonsylt

1.Värm ugnen till 350°F. Smörj 2 stora bakplåtar.

2. I en stor skål, använd en elektrisk mixer på medelhastighet, vispa smör, socker och salt tills det är fluffigt, cirka 2 minuter. Tillsätt den smälta chokladen och rör om tills det är väl blandat, skrapa ner sidorna av skålen. Tillsätt mjöl tills det är slätt.

3. Lägg nötterna i en grund behållare. Forma degen till 1-tums bollar. Rulla bollarna i valnötterna och tryck till dem lätt så att de fastnar. Placera bollarna cirka 3 tum från varandra på de förberedda bakplåtarna.

4. Använd handtagsänden på en träslev, stick ett djupt hål i varje degboll och forma degen runt handtaget för att behålla den runda formen. Lägg ca 1/4 tsk sylt på varje kaka. (Tillsätt inte mer sylt eftersom det kan smälta och droppa när kakorna gräddas.)

5. Grädda kakorna i 18 till 20 minuter eller tills sylten bubblar och kakorna är lätt gyllene. Ha 2 trådkylställ redo.

6. Överför bakplåtarna till gallren. Låt kakorna svalna på bakplåtar i 5 minuter och överför sedan till galler för att svalna helt. Förvara i en lufttät behållare i upp till 2 veckor.

Dubbel choklad valnötsbiscotti

Biscotti al cioccolato

gör 4 dussin

Dessa rika biscotti innehåller smält och chunky choklad i degen. Jag har aldrig sett dem i Italien, men de liknar de jag har ätit på kaféer här.

2 1/2 dl universalmjöl

2 tsk bakpulver

1 1/2 tsk salt

3 stora ägg, rumstempererade

1 kopp socker

1 tsk rent vaniljextrakt

6 uns bittersöt choklad, smält och kyld

6 matskedar (1/2 stick plus 2 matskedar) osaltat smör, smält och kylt

1 dl valnötter, grovt hackade

1 kopp chokladchips

1.Sätt ett galler i mitten av ugnen. Värm ugnen till 300°F. Smörj och mjöla 2 stora bakplåtar.

2.I en stor skål, blanda ihop mjöl, bakpulver och salt.

3.I en stor skål, använd en elektrisk mixer på medelhastighet, vispa ägg, socker och vanilj tills det är fluffigt, cirka 2 minuter. Rör ner choklad och smör tills det är väl blandat. Tillsätt mjölblandningen och rör tills den är slät, cirka 1 minut till. Tillsätt nötter och chokladbitar.

4.Halvera degen. Med fuktade händer, forma varje bit till en 12 x 3-tums stock på den förberedda bakplåten. Grädda i 35 minuter eller tills stockarna är fasta när de trycks in i mitten. Ta ut pannan från ugnen, men stäng inte av värmen. Låt svalna i 10 minuter.

5.Skjut stockarna på en skärbräda. Skär stockarna i 1/2 tum tjocka skivor. Lägg skivorna på plåten. Grädda i 10 minuter eller tills kakorna är lätt rostade.

6.Ha 2 stora kylställ redo. Överför bakplåtarna till gallren. Låt kakorna svalna på bakplåtar i 5 minuter och överför sedan till galler för att svalna helt. Förvara i en lufttät behållare i upp till 2 veckor.

Chokladkyssar

Baci di Cioccolato

gör 3 dussin

Choklad- och vaniljkyssar är mycket populära i Verona, hem för Romeo och Julia, och tillagas i olika kombinationer.

12⁄3 dl universalmjöl

1⁄3 kopp osötat holländskt kakaopulver, siktat

11/4 tsk salt

1 kopp (2 pinnar) osaltat smör, vid rumstemperatur

11/2 kopp strösocker

1 tsk rent vaniljextrakt

1⁄2 dl finhackad rostad mandel (seHur man rostar och skalar nötter)

Fylld

2 uns halvsöt eller bittersöt choklad, hackad

2 msk osaltat smör

1/3 dl finhackad rostad mandel

1.I en stor skål, blanda ihop mjöl, kakao och salt.

2.I en stor skål, använd en elektrisk mixer på medelhastighet, vispa smör och socker tills det är fluffigt, cirka 2 minuter. Tillsätt vaniljen. Tillsätt de torra ingredienserna och mandeln tills de blandas, ungefär en minut till. Täck med plastfolie och låt vila i kylen i 1 timme till över natten.

3.Värm ugnen till 350°F. Ha 2 osmorda bakplåtar redo. Rulla teskedar av degen till 3/4-tums bollar. Placera bollarna 1 tum från varandra på bakplåtarna. Tryck på bollarna med fingrarna för att platta till dem lite. Grädda kakorna tills de är fasta men inte bruna, 10 till 12 minuter. Ha 2 stora kylställ redo.

4.Överför bakplåtarna till gallren. Låt kakorna svalna på bakplåtar i 5 minuter och överför sedan till galler för att svalna helt.

5.Koka upp cirka 2 tum vatten i den nedre halvan av en dubbelpanna eller liten kastrull. Lägg chokladen och smöret i den övre halvan av dubbelpannan eller i en liten värmesäker skål som passar bekvämt över grytan. Placera behållaren över det kokande vattnet. Låt stå utan lock tills chokladen mjuknar. Rör om tills allt är slätt. Tillsätt mandeln.

6.Bred ut en liten mängd av fyllningsblandningen på botten av en kaka. Lägg en andra kaka med botten nedåt ovanpå fyllningen och tryck ner lätt. Lägg kakorna på galler tills fyllningen stelnat. Upprepa med resterande kakor och fyllning. Förvara i en lufttät behållare i kylen i upp till 1 vecka.

No-Bee Choklad "Salami"

Cioccolato salami

Gör 32 kakor

Krispiga pekannötsskivor med choklad utan bakning är en specialitet från Piemonte. Om du vill kan du även ersätta amaretti med andra kakor, som till exempel: Till exempel vanilj- eller chokladrån, grahamsbröd eller mördegskakor. Det är bäst att göra dem några dagar i förväg för att smakerna ska smälta. Om du inte vill använda likören kan du använda en matsked apelsinjuice istället.

18 amarettikakor

1/3 kopp socker

11/2 kopp osötat kakaopulver

11/2 kopp (1 pinne) osaltat smör, mjukat

1 msk grappa eller rom

1⁄3 dl hackade valnötter

1.Lägg kakorna i en plastpåse. Krossa kakorna med en kavel eller ett tungt föremål. Det ska vara ca 3/4 dl smulor.

2.Lägg smulorna i en stor skål. Tillsätt socker och kakao med en träslev. Tillsätt smör och grappa. Rör om tills de torra ingredienserna är fuktade och blandade. Tillsätt nötterna.

3.Placera ett 14-tums ark plastfolie på en plan yta. Häll degblandningen över plastfolien. Forma degen till en 8 x 2 1/2 tums stock. Rulla stocken i plastfolien och vik ändarna för att omsluta den helt. Förvara träbiten i kylen i minst 24 timmar och max 3 dagar.

4.Skär stocken i 1/4-tums tjocka skivor. Servera kall. Förvara kakorna i en lufttät plastbehållare i kylen i upp till 2 veckor.

Prato kakor

Biscotti di Prato

Gör ca 41⁄2 dussin

I den toskanska staden Prato är dessa klassiska biscotti att doppa i Vin Santo, regionens stora dessertvin. När de äts enkla är de ganska torra. Ge dem därför något att dricka för att skölja ner dem.

21⁄2 dl universalmjöl

11⁄2 tsk bakpulver

1 tsk salt

4 stora ägg

31/4 kopp socker

1 tsk citronskal

1 tsk apelsinskal

1 tsk rent vaniljextrakt

1 kopp rostad mandel (seHur man rostar och skalar nötter)

1.Sätt ett galler i mitten av ugnen. Värm ugnen till 325°F. Smörj och mjöla en stor bakplåt.

2.I en medelstor skål, blanda ihop mjöl, bakpulver och salt.

3.I en stor skål med en elektrisk mixer, vispa ägg och socker på medelhastighet tills det är ljust och fluffigt, cirka 3 minuter. Rör ner citron- och apelsinskal och vanilj. På låg hastighet, tillsätt de torra ingredienserna och tillsätt sedan mandeln.

4.Fukta händerna lätt. Forma degen till två 14×2-tums stockar. Placera stockarna några centimeter från varandra på den förberedda bakplåten. Grädda i 30 minuter eller tills den stelnat och gyllenbrun.

5.Ta bort bakplåten från ugnen och minska ugnsvärmen till 300°F. Låt stockarna svalna på bakplåten i 20 minuter.

6.Skjut stockarna på en skärbräda. Använd en stor, tung kockkniv och skär stockarna diagonalt i 1/2 tum tjocka skivor. Lägg skivorna på plåten. Grädda i 20 minuter eller tills de är lätt gyllenbruna.

7.Överför kakorna till galler för att svalna. Förvara i en lufttät behållare.

Frukt och torkad frukt biscotti från Umbrien

Tozzetti

Före 80

Gjorda utan fett, kommer dessa kakor att hålla länge i en lufttät behållare. Smaken förbättras verkligen, så planera att göra dem flera dagar innan servering.

3 koppar universalmjöl

11/2 kopp majsstärkelse

2 tsk bakpulver

3 stora ägg

3 äggulor

2 msk Marsala, Vin Santo eller sherry

1 kopp socker

1 dl russin

1 kopp mandel

1/4 dl hackat kanderat apelsinskal

1/4 dl hackad kanderad citron

1 tsk anisfrön

1.Värm ugnen till 350°F. Smörj 2 stora bakplåtar.

2.I en medelstor skål, kombinera mjöl, maizena och bakpulver.

3.I en stor skål, med hjälp av en elektrisk mixer, vispa ägg, äggulor och marsala. Tillsätt sockret och vispa tills det är väl blandat, cirka 3 minuter. Tillsätt torra ingredienser, russin, mandel, skal, citronskal och anisfrön tills de är väl blandade. Degen blir stel. Vänd vid behov ut degen på en arbetsyta och knåda tills den är blandad.

4.Kvartera degen. Blöt händerna med kallt vatten och forma varje fjärdedel till ett 10-tums block. Placera stockarna 2 tum från varandra på de förberedda bakplåtarna.

5.Grädda stockarna i 20 minuter eller tills de känns fasta i mitten när de pressas och är gyllenbruna runt kanterna. Ta bort veden från ugnen men låt den stå på. Låt stockarna svalna på bakplåtarna i 5 minuter.

6.Skjut stockarna på en skärbräda. Använd en stor kockkniv och skär dem i 1/2-tums tjocka skivor. Ordna skivorna på bakplåtarna och grädda i 10 minuter eller tills de är lätt rostade.

7.Ha 2 stora kylställ redo. Överför kakorna till galler. Låt svalna helt. Förvara i en lufttät behållare i upp till 2 veckor.

Valnötscitronbiscotti

Biscotti al lime

Före 48

Citron och mandel smaksätter dessa biscotti.

11/2 dl universalmjöl

1 tsk bakpulver

11/4 tsk salt

11/2 kopp (1 pinne) osaltat smör, vid rumstemperatur

11/2 kopp socker

2 stora ägg, rumstempererade

2 tsk nyrivet citronskal

1 dl rostad mandel, grovt hackad

1.Sätt ett galler i mitten av ugnen. Värm ugnen till 350°F. Smörj och mjöla en stor bakplåt.

2. Blanda mjöl, bakpulver och salt i en skål.

3. I en stor skål med en elektrisk mixer, vispa smör och socker tills det är fluffigt, cirka 2 minuter. Rör ner äggen ett i taget. Tillsätt citronskalet och skrapa längs insidan av skålen med en gummispatel. Tillsätt gradvis mjölblandningen och nötterna tills de är väl kombinerade.

4. Halvera degen. Med fuktade händer, forma varje bit till en 12" x 2" stock på den förberedda bakplåten. Grädda i 20 minuter eller tills stockarna är lätt bruna och fasta när de trycks in i mitten. Ta ut pannan från ugnen, men stäng inte av värmen. Låt stockarna svalna på bakplåten i 10 minuter.

5. Skjut stockarna på en skärbräda. Skär stockarna i 1/2 tum tjocka skivor. Lägg skivorna på plåten. Grädda i 10 minuter eller tills kakorna är lätt rostade.

6. Ha 2 stora kylställ redo. Överför kakorna till galler. Låt svalna helt. Förvara i en lufttät behållare i upp till 2 veckor.

Valnötsbiscotti

Biscotti di Noce

för cirka 80 år sedan

Olivolja kan användas i en mängd olika bakrecept. Använd en mild, extra virgin olivolja. Kompletterar många typer av nötter och citrusfrukter. Här är ett biscotti-recept som jag tog fram för en Washington Post-artikel om att baka med olivolja.

2 koppar universalmjöl

1 tsk bakpulver

1 tsk salt

2 stora ägg, rumstempererade

2/3 kopp socker

11/2 kopp extra virgin olivolja

11/2 tsk citronskal

2 koppar rostade valnötter (seHur man rostar och skalar nötter)

1.Värm ugnen till 180°C. Smörj två stora bakplåtar.

2.I en stor skål, blanda ihop mjöl, bakpulver och salt.

3.I en annan stor skål, blanda ägg, socker, olja och citronskal tills det är väl blandat. Använd en träslev och tillsätt de torra ingredienserna tills de är väl blandade. Tillsätt nötterna.

4.Dela degen i fyra bitar. Forma bitarna till 12 x 11/2 tums stockar och lägg dem på de förberedda bakplåtarna, placera dem flera centimeter från varandra. Grädda i 20 till 25 minuter eller tills de är lätt gyllenbruna. Ta ut ur ugnen, men stäng inte av den. Låt kakorna svalna på plåtarna i 10 minuter.

5.Skjut stockarna på en skärbräda. Använd en stor, tung kniv och skär stockarna diagonalt i 1/2-tums skivor. Ordna skivorna på bakplåtarna och sätt tillbaka plåtarna i ugnen. Grädda i 10 minuter eller tills de är rostade och gyllenbruna.

6.Ha 2 stora kylställ redo. Överför kakorna till galler. Låt svalna helt. Förvara i en lufttät behållare i upp till 2 veckor.

Mandelmakaroner

amaretti

gör 3 dussin

I södra Italien tillverkas dessa genom att man krossar söt och bitter mandel. Bitter mandlar, som kommer från en specifik sort av mandelträd, säljs inte i USA. De har en smakkomponent som liknar det dödliga giftet cyanid och är därför inte godkända för kommersiellt bruk. Det närmaste vi kan komma rätt smak är med kommersiell mandelmassa och lite mandelextrakt. Blanda inte ihop mandelmassa med marsipan, som är liknande men har högre sockerhalt. Köp mandelmassa som säljs på burk för bästa smak. Om du inte hittar det, fråga ditt lokala bageri om de säljer något.

Eftersom dessa kakor håller ihop bakar jag dem på nonstick-mattor som heter Silpat. Mattorna behöver inte smörjas, är lätta att rengöra och återanvändbara. Du kan hitta dem i bra köksspecialbutiker. Om du inte har mattor kan du klä bakplåtarna med bakplåtspapper eller aluminiumfolie.

1 burk (8 uns) mandelmassa, smulad

1 kopp socker

2 stora äggvitor, rumstempererade

1/4 tesked mandelextrakt

36 kanderade körsbär eller hela mandlar

1.Värm ugnen till 350°F. Klä 2 stora bakplåtar med bakplåtspapper eller aluminiumfolie.

2.Smula ner mandelmassan i en stor skål. Använd en elektrisk mixer på låg hastighet, tillsätt socker tills det blandas. Tillsätt äggvita och mandelextrakt. Öka hastigheten till medel och vispa tills mycket slät, cirka 3 minuter.

3.Ta ut 1 msk deg och rulla den lätt till en boll. Blöt vid behov fingertopparna med kallt vatten för att förhindra att de fastnar. Placera bollarna 1 tum från varandra på den förberedda bakplåten. Tryck ut ett körsbär eller mandel på toppen av degen.

4.Grädda 18 till 20 minuter eller tills kakorna är lätt gyllene. Låt svalna kort på bakplåten.

5.Använd en tunn metallspatel och överför kakorna till galler för att svalna helt. Förvara kakorna i lufttäta behållare. (Om du vill ha dessa kakor längre än en dag eller två, frys in dem så att de behåller sin mjuka konsistens. De kan ätas direkt från frysen.)

Pinjenöttsmakaroner

Biscotti di Pinoli

Före 40

Jag har gjort många varianter av dessa kakor genom åren. Den här versionen är min favorit eftersom den är gjord med mandelmassa och mald mandel för smak och konsistens, plus den rika smaken av rostade pinjenötter (pignoli).

1 burk (8 uns) mandelmassa

1/3 kopp finmald, blancherad mandel

2 stora äggvitor

1 kopp strösocker, plus mer för dekoration

2 dl skivad mandel eller pinjenötter

1.Sätt ett galler i mitten av ugnen. Värm ugnen till 350°F. Smörj en stor bakplåt.

2.Smula ner mandelmassan i en stor skål. Använd en elektrisk mixer på medelhastighet, vispa mandeln, äggvitan och 1 kopp strösocker tills det är slätt.

3.Ta ut en matsked deg. Rulla degen runt pinjenötterna, täck den helt och forma en boll. Lägg bollen på den förberedda bakplåten. Upprepa med de återstående ingredienserna, placera bollarna med cirka 1 tums mellanrum.

4.Grädda 18 till 20 minuter eller tills de är lätt gyllenbruna. Lägg bakplåten på ett galler som svalnar. Låt kakorna svalna på bakplåten i 2 minuter.

5.Överför kakorna till galler för att svalna helt. Strö över strösocker. Förvara i en lufttät behållare i kylen i upp till 1 vecka.

Hasselnötsbarer

Nocciolat

gör 6 dussin

Dessa möra, smuliga barer är fulla av nötter. De håller knappt ihop och smälter i munnen. Servera dem med chokladglass.

2 1/3 koppar universalmjöl

11/2 dl rostade hasselnötter, skalade, finhackade (seHur man rostar och skalar nötter)

11/2 dl socker

11/2 tsk salt

1 kopp (2 pinnar) osaltat smör, smält och kylt

1 stort ägg plus 1 vispad äggula

1.Sätt ett galler i mitten av ugnen. Värm ugnen till 350°F. Smörj en 15×10×1 tums gelémuffinsform.

2. I en stor skål, blanda ihop mjöl, valnötter, socker och salt med en träslev. Tillsätt smöret och rör tills det är jämnt fuktat. Tillsätt äggen. Rör om tills det är väl blandat och blandningen håller ihop.

3. Häll blandningen i den förberedda pannan. Applicera det stadigt och jämnt.

4. Grädda i 30 minuter eller tills de är gyllenbruna. Medan den fortfarande är varm skär du i 5 x 2,5 cm rektanglar.

5. Låt svalna i pannan i 10 minuter. Överför kakorna till stora galler för att svalna helt.

Pekansmörkakor

Biscotti di Noce

gör 5 dussin

Nötiga och smöriga, dessa halvmåneformade kakor från Piemonte är perfekta till jul. Även om de ofta görs på hasselnötter använder jag gärna valnötter. Mandel kan också ersättas.

Dessa kakor kan göras helt i matberedaren. Om du inte har en, mal nötterna och sockret i en mixer eller nötkvarn och tillsätt sedan de återstående ingredienserna för hand.

1 kopp valnötsbitar

1/3 kopp socker, plus 1 kopp till för att kavla ut kakorna

2 koppar universalmjöl

1 kopp (2 pinnar) osaltat smör, vid rumstemperatur

1.Värm ugnen till 350°F. Smörj och mjöla 2 stora bakplåtar.

2. Blanda nötter och socker i en matberedare. Bearbeta tills nötterna är finhackade. Tillsätt mjölet och bearbeta tills det blandas.

3. Tillsätt smör gradvis och tryck till för att kombinera. Ta ut degen från behållaren och tryck ihop den med händerna.

4. Häll resterande 1 dl socker i en grund skål. Skär en degbit i valnötsstorlek och forma den till en boll. Forma bollen till en halvmåneform och avsmalna ändarna. Rulla försiktigt croissanten i sockret. Lägg halvmånen på en förberedd plåt. Upprepa med återstående deg och socker, placera varje kaka cirka 1 tum från varandra.

5. Grädda i 15 minuter eller tills de är lätt gyllenbruna. Lägg bakplåtspapper på galler och låt svalna i 5 minuter.

6. Överför kakorna till galler för att svalna helt. Förvara i en lufttät behållare i upp till 2 veckor.

Regnbågekakor

Biscotti Tricolori

gör cirka 4 dussin

Även om jag aldrig har sett dem i Italien, är dessa "regnbåge" eller trefärgade kakor med chokladglasyr en favorit hos italienska bagerier och andra över hela USA. Tyvärr är de ofta färgglada och kan vara torra och smaklösa.

Testa det här receptet så ser du hur goda dessa kakor kan bli. Förberedelserna är lite komplicerade, men resultatet är mycket vackert och välsmakande. Om du föredrar att undvika matfärgning är kakorna fortfarande attraktiva. För enkelhetens skull är det bättre att ha tre identiska bakplåtar. Du kan dock fortfarande baka kakorna med bara en form om du bakar flera omgångar av deg på en gång. De färdiga kakorna håller sig bra i kylen.

8 uns mandelmassa

11/2 dl (3 pinnar) osaltat smör

1 kopp socker

4 stora ägg, separerade

11/4 tsk salt

2 koppar oblekt universalmjöl

10 droppar röd matfärg, eller efter smak (valfritt)

10 droppar grön matfärg, eller efter smak (valfritt)

11/2 dl aprikossylt

11/2 kopp frönfri hallonsylt

1 paket (6 uns) halvsöta chokladchips

1. Värm ugnen till 350°F. Smörj tre identiska 13 x 9 x 2 tums bakformar. Lägg vaxpapper på bakplåtarna och smörj papperet.

2.Smula ner mandelmassan i en stor bunke. Tillsätt smör, 1/2 dl socker, äggulor och salt. Vispa tills det är ljust och fluffigt. Tillsätt mjöl tills det blandas.

3.I en annan stor skål med rena vispar, vispa äggvitan på medelhastighet tills den blir fluffig. Tillsätt gradvis det återstående sockret. Öka hastigheten till hög. Fortsätt vispa tills äggvitan bildar mjuka toppar när du lyfter vispen.

4.Använd en gummispatel och vänd ner 1/3 av äggvitorna i äggulablandningen för att göra dem ljusare. Tillsätt gradvis den återstående äggvitan.

5.Lägg 1/3 av degen i en skål och ytterligare 1/3 i en annan skål. Om du använder karamellfärgen, vik den röda i en skål och den gröna i den andra.

6.Placera varje skål med smet i en separat förberedd panna och jämna till jämnt med en spatel. Grädda lagren i 10 till 12 minuter, tills kakan stelnat och mycket ljus i färgen runt kanterna. Kyl i pannan i 5 minuter, ta sedan bort lagren till kylande galler, lämna vaxpappret på plats. Låt svalna helt.

7.Lyft upp ett lager med pappret, vänd kakan och lägg den på ett stort fat med papperssidan uppåt. Ta försiktigt bort papperet. Bred ut med ett tunt lager hallonsylt.

8:a.Lägg ett andra lager ovanpå det första med papperssidan uppåt. Ta bort pappret och bred ut aprikossylten på kakan.

9.Lägg det återstående lagret ovanpå med papperssidan uppåt. Dra av papperet. Använd en stor, tung kniv och linjal, putsa kanterna på kakan så att lagren blir raka och jämna runt om.

10.Koka upp cirka 2 tum vatten i den nedre halvan av en dubbelpanna eller liten kastrull. Lägg chokladbitarna i den övre halvan av dubbelpannan eller i en liten värmesäker skål som passar tätt över grytan. Placera behållaren över det kokande vattnet. Låt stå utan lock tills chokladen mjuknar. Rör om tills allt är slätt. Häll den smälta chokladen över tårtlagren och bred försiktigt med en spatel. Kyl tills chokladen börjar stelna, ca 30 minuter. (Låt det inte bli för hårt, annars går det sönder när du skär.)

elva. Ta ut kakan ur kylen. Använd en linjal eller annan linjal och skär kakan på längden i 6 remsor, skär först i tredjedelar och skär sedan varje tredjedel på mitten. Skär på tvären i 5 remsor. Låt den skurna kakan svalna i formen i kylen tills chokladen är fast. Servera kakorna eller lägg dem i en lufttät burk och förvara i kylen. Dessa håller i flera veckor.

Julfikonkakor

cuccidati

Gör 18 stora kakor

Jag kan inte föreställa mig julen utan dessa kakor. För många sicilianare är deras produktion ett familjeprojekt. Kvinnorna blandar och rullar degen medan männen hackar och mal ingredienserna till fyllningen. Barnen dekorerar de fyllda kakorna. De skärs traditionellt i många fantastiska former som liknar fåglar, löv eller blommor. Vissa familjer gör dussintals av dem för att ge till vänner och grannar.

Mått

21⁄2 dl universalmjöl

1⁄3 kopp socker

2 tsk bakpulver

11/2 tsk salt

6 matskedar osaltat smör

2 stora ägg, rumstempererade

1 tsk rent vaniljextrakt

Fylld

2 koppar fuktiga torkade fikon, stjälkar borttagna

$1$1/2 kopp russin

1 dl rostade och hackade valnötter

$1$1/2 kopp hackad halvsöt choklad (ca 2 uns)

1/3 kopp honung

$1$1/4 kopp apelsinjuice

1 tsk apelsinskal

1 tsk mald kanel

1/8 tsk mald kryddnejlika

hopsättning

1 äggula vispad med 1 tsk vatten

Färgat godisströssel

1.Förbered degen: Blanda ihop mjöl, socker, bakpulver och salt i en stor skål. Använd en elektrisk mixer eller matberedare, vispa i smöret tills blandningen liknar grova smulor.

2.Vispa ihop ägg och vanilj i en skål. Tillsätt äggen till de torra ingredienserna och rör om med en träslev tills degen är jämnt fuktig. Om degen är för torr, blanda den med några droppar kallt vatten.

3.Forma degen till en boll och lägg den på en bit matfilm. Platta ut den till en skiva och slå in den väl. Kyl i minst 1 timme eller över natten.

4.Förbered fyllningen: Mal fikon, russin och valnötter i en matberedare eller köttkvarn tills de är grovt hackade. Blanda med resterande ingredienser. Täck över och kyl om den inte används inom en timme.

5. För att sätta ihop kakorna, förvärm ugnen till 375°F. Smörj två stora bakplåtar.

6. Skär degen i 6 bitar. På en lätt mjölad yta, rulla varje bit till en stock ca 4 tum lång.

7. Använd en mjölad kavel och kavla ut en stock till en 9×5-tums rektangel. Klipp av kanterna.

8:a. Lägg en 3/4-tums remsa av fyllning på längden, något vid sidan av mitten av den utkavlade degen. Vik ena långsidan av degen över den andra och tryck ihop kanterna för att täta. Skär den fyllda degen på tvären i 3 lika stora bitar.

9. Använd en vass kniv och skär 3/4 tum långa skåror med 1/2 tums mellanrum genom fyllningen och degen. Böj dem något för att öppna skårorna och avslöja fikonfyllningen, och placera kakorna 1 tum från varandra på bakplåtarna.

10. Pensla degen med det uppvispade ägget. Strö över strössel om så önskas. Upprepa med resterande ingredienser.

elva. Grädda kakorna i 20 till 25 minuter eller tills de är gyllenbruna.

12. Kyl kakorna på galler. Förvara i en lufttät behållare i kylen i upp till 1 månad.

skör mandel

Croccante eller torrone

Ger 10 till 12 portioner

Sicilianerna förbereder dessa sötsaker med pinjenötter, pistagenötter eller sesamfrön istället för mandel. En citron är perfekt för att mjuka upp den varma sirapen.

vegetabilisk olja

2 koppar socker

1 1/4 kopp honung

2 koppar mandel (10 ounces)

1 hel citron, tvättad och torkad

1. Pensla en marmoryta eller metallbakplåt med neutral vegetabilisk olja.

2. I en medelstor kastrull, kombinera socker och honung. Koka på medelhög värme, rör om då och då, tills sockret

precis börjar smälta, cirka 20 minuter. Koka upp och koka, utan att röra, tills sirapen är klar, 5 minuter till.

3.Tillsätt nötterna och koka tills sirapen är bärnstensfärgad, ca 3 minuter. Häll försiktigt den varma sirapen över den förberedda ytan och jämna ut nötterna till ett enda lager med citronen. Låt svalna helt. Efter cirka 30 minuter, när det spröda är kallt och hårt, skjut in en tunn metallspatel under den. Ta upp det spröda och bryt det i 3,5 cm stora bitar. Förvara i lufttäta behållare i rumstemperatur.

Sicilianska valnötsrullar

mostaccioli

Gör 64 kakor

Det fanns en tid när dessa kakor gjordes av Mosto Cotto, koncentrerad druvjuice. Dagens kockar använder honung.

Mått

3 koppar universalmjöl

1 1/2 kopp socker

1 tsk salt

1 1/2 kopp grönsaksfett

4 matskedar (1/2 stick) osaltat smör, i rumstemperatur

2 stora ägg

2 till 3 matskedar kall mjölk

Fylld

1 dl rostad mandel

1 kopp rostade valnötter

11/2 kopp rostade hasselnötter utan skinn

11/4 kopp socker

11/4 kopp honung

2 tsk apelsinskal

11/4 tsk mald kanel

florsocker

1.I en stor skål, blanda ihop mjöl, socker och salt. Skär i matfettet och smöret tills blandningen liknar grova smulor.

2.Vispa äggen med två matskedar mjölk i en liten skål. Tillsätt blandningen till de torra ingredienserna och rör tills degen är jämnt fuktig. Rör i lite mer mjölk om det behövs.

3. Forma degen till en boll och lägg den på en bit matfilm. Platta ut den till en skiva och slå in den väl. Kyl i 1 timme till över natten.

4. Bearbeta nötter och socker i en matberedare. Bearbeta tills allt är bra. Tillsätt honung, skal och kanel och rör om tills det blandas. Värm ugnen till 350°F. Smörj 2 stora bakplåtar.

5. Dela degen i 4 bitar. Sprid en bit mellan två lager av plastfolie, skapa en något större 20-tums kvadrat. Putsa kanterna och skär degen i 5 cm stora rutor. Lägg en hög tesked av fyllningen på ena sidan av varje ruta. Rulla degen så att den helt omsluter fyllningen. Lägg med skarven nedåt på bakplåten. Upprepa med återstående deg och fyllning, håll kakorna 1 tum från varandra.

6. Grädda i 18 minuter eller tills kakorna är lätt gyllene. Överför kakorna till galler för att svalna. Förvaras i en tättsluten behållare i upp till 2 veckor. Strö över strösocker före servering.

kex

Spanskt bröd

Gör två 8- eller 9-tums lager

Denna klassiska och mångsidiga italienska sockerkaka passar bra till fyllningar som fruktsylt, vispgrädde, vaniljsås, glass eller ricottagrädde. Kakan fryser också bra, vilket gör den lätt att ha till hands för snabba desserter.

Smör till pannan

6 stora ägg, rumstempererade

2/3 kopp socker

11/2 tsk rent vaniljextrakt

1 kopp siktat universalmjöl

1.Sätt gallret i mitten av ugnen. Värm ugnen till 375°F. Smöra två 8- eller 9-tums tårtaformar. Klä botten på formarna med cirklar av vaxpapper eller bakplåtspapper.

Smöra pappret. Pudra av pannorna med mjöl och knacka lätt av överskottet.

2.I en stor skål med en elektrisk mixer, börja vispa äggen på låg hastighet. Tillsätt långsamt socker och öka gradvis mixerhastigheten till hög. Tillsätt vaniljen. Vispa äggen tills de blir tjocka och ljusgula, ca 7 minuter.

3.Lägg mjölet i en finmaskig sil. Skaka ungefär en tredjedel av mjölet över äggblandningen. Tillsätt mjölet lite i taget och mycket försiktigt med en gummispatel. Upprepa processen, tillsätt mjöl i två omgångar och vik tills det inte finns några ränder kvar.

4.Fördela smeten jämnt i de förberedda formarna. Grädda i 20 till 25 minuter eller tills kakorna fjädrar tillbaka när de trycks lätt i mitten och toppen är lätt brynt. Ha 2 kylställ redo. Låt kakorna svalna i formar på galler i 10 minuter.

5.Vänd ut kakorna på galler och ta bort formarna. Ta försiktigt bort papperet. Låt svalna helt. Servera omedelbart eller täck med en omvänd skål och förvara i rumstemperatur i upp till 2 dagar.

Citruskaka

Torta di Agrumi

För 10 till 12 personer

Olivolja ger denna kaka en distinkt smak och konsistens. Använd en mild olivolja, annars kan smaken bli övermäktig. Eftersom denna kaka inte innehåller smör, mjölk eller andra mejeriprodukter är den bra för människor som inte kan äta dessa livsmedel.

Det här är en jättegod tårta, även om den är väldigt lätt och luftig. För att baka behöver du en 10-tums rörpanna med löstagbar botten, som de som används för matkakor med ängla.

En liten grädde av tartar, tillgänglig i kryddavdelningen på de flesta stormarknader, hjälper till att stabilisera äggvitan i denna fantastiska kaka.

2 1⁄4 dl vanligt kakmjöl (ej jäsande)

1 msk bakpulver

1 tsk salt

6 stora ägg, separerade, vid rumstemperatur

11⁄4 dl socker

11⁄2 tsk apelsinskal

11⁄2 tsk rivet citronskal

$3$1/4 kopp färskpressad apelsinjuice

$1$1/2 kopp extra virgin olivolja

1 tsk rent vaniljextrakt

1⁄4 tsk grädde av tandsten

1. Placera ugnsgallret i nedre tredjedelen av ugnen. Värm ugnen till 325°F. I en stor skål, blanda ihop mjöl, bakpulver och salt.

2. I en stor skål, med hjälp av en elektrisk mixer, vispa äggulor, 1 kopp socker, apelsin- och citronskal, apelsinjuice, olja och vaniljextrakt tills det är slätt, cirka 5

minuter. Använd en gummispatel och vänd ner vätskan i de torra ingredienserna.

3. I en annan stor skål med rena vispar, vispa äggvitan på medelhastighet tills den blir fluffig. Tillsätt gradvis återstående 1/4 kopp socker och grädde av tartar. Öka hastigheten till hög. Vispa tills det bildas mjuka toppar när du lyfter vispen, ca 5 minuter. Tillsätt äggvitan i degen.

4. Häll smeten i en osmord 10-tums tubpanna med löstagbar botten. Grädda i 55 minuter eller tills kakan är gyllenbrun och en tandpetare som sticks in i mitten kommer ut ren.

5. Ställ formen upp och ner på ett galler och låt kakan svalna helt. Kör en tunn kniv runt insidan av formen för att lossa kakan. Ta bort kakan och botten av formen. Skjut in kniven under kakan och ta bort botten av formen. Servera omedelbart eller täck med en omvänd skål och förvara i rumstemperatur i upp till 2 dagar.

Citron och olivolja kaka

citronkaka

Ger 8 portioner

En lätt citronkaka från Puglia som du alltid gillar att ha till hands.

11/2 dl vanligt kakmjöl (ej jäsande)

11/2 tsk bakpulver

11/2 tsk salt

3 stora ägg, rumstempererade

1 kopp socker

1/3 kopp olivolja

1 tsk rent vaniljextrakt

1 tsk citronskal

11/4 kopp färskpressad citronsaft

1.Placera gallret i den nedersta tredjedelen av ugnen. Värm ugnen till 350°F. Smörj en 9-tums springform.

2.I en stor skål, blanda ihop mjöl, bakpulver och salt.

3.Vispa äggen i en stor skål med en elektrisk mixer. Vispa på medelhastighet tills den är tjock och ljusgul, ca 5 minuter. Tillsätt sakta sockret och vispa i ytterligare 3 minuter. Tillsätt oljan långsamt. Vispa i ytterligare en minut. Tillsätt vanilj och citronskal.

4.Använd en gummispatel och vänd ner de torra ingredienserna i tre portioner, varva med citronsaften i två portioner.

5.Bred ut degen i den förberedda pannan. Grädda i 35 till 40 minuter eller tills kakan är gyllenbrun och fjädrar tillbaka när den trycks in i mitten.

6.Vänd pannan upp och ner på ett galler. Låt svalna helt. Kör en kniv runt ytterkanten och ta bort. Servera omedelbart eller täck med en omvänd skål och förvara i rumstemperatur i upp till 2 dagar.

marmorkaka

Marmorata tårta

Gör 8 till 10 portioner

I Italien uppmärksammas inte frukosten särskilt mycket. Ägg och flingor äts sällan, och de flesta italienare klarar sig med kaffe på rostat bröd eller kanske en kaka eller två. Hotellfrukostar kompenserar ofta för utländska smaker med ett härligt urval av kallskuret, ostar, frukt, ägg, yoghurt, bröd och bakverk. På ett hotell i Venedig såg jag en magnifik marmorkaka, en av mina favoritkakor, stolt uppställd på ett tårtställ. Det smakade gudomligt med en kopp cappuccino och jag skulle ha njutit av det lika mycket vid tetid. Servitören berättade att tårtan levererades färsk varje dag från ett lokalt bageri där det var en specialitet. Det här är min version, inspirerad av den i Venedig.

11⁄2 dl vanligt kakmjöl (ej jäsande)

11⁄2 tsk bakpulver

1 1/2 tsk salt

3 stora ägg, rumstempererade

1 kopp socker

1 1/2 kopp vegetabilisk olja

1 tsk rent vaniljextrakt

1/4 tesked mandelextrakt

1 1/2 kopp mjölk

2 uns bittersöt eller halvsöt choklad, smält och kyld

1. Placera ugnsgallret i den nedersta tredjedelen av ugnen. Värm ugnen till 325°F. Smörj och mjöla en 10-tums tubpanna, ta bort överflödigt mjöl.

2. I en stor skål, blanda ihop mjöl, bakpulver och salt.

3. I en annan stor skål, med hjälp av en elektrisk mixer, vispa äggen på medelhastighet tills de är tjocka och

ljusgula, cirka 5 minuter. Tillsätt sockret långsamt, en matsked i taget. Fortsätt vispa i 2 minuter till.

4. Tillsätt gradvis oljan och extrakten. Tillsätt mjölet i 3 portioner och tillsätt växelvis mjölken i 2 portioner.

5. Ta bort ca 1 1/2 dl degen och lägg i en liten skål. Lägg åtsidan. Skrapa den återstående degen i den förberedda pannan.

6. Vänd ner den smälta chokladen i den reserverade smeten. Häll stora skedar av chokladsmeten på smeten i pannan. För att vända degen, håll ner spetsen på en bordskniv. Kör knivbladet genom degen minst två gånger, flytta det försiktigt runt formen.

7. Grädda i 40 minuter eller tills kakan är gyllenbrun och en tandpetare kommer ut ren när den sätts in i mitten. Låt svalna på galler i 10 minuter.

8:a. Vänd upp kakan på ett galler och ta bort formen. Vänd kakan med rätsidan upp på ett annat galler. Låt svalna helt. Servera omedelbart eller täck med en omvänd skål och förvara i rumstemperatur i upp till 2 dagar.

Romkaka

Baba au Rhum

Gör 8 till 10 portioner

Enligt en populär historia uppfanns denna kaka av en polsk kung som fann sin babka, en polsk jästkaka, för torr och hällde ett glas rom över den. Hans skapelse fick namnet Baba, för att hedra Ali Baba från Tusen och en natt. Hur det blev populärt i Neapel är inte känt med säkerhet, men det gjorde det under en tid.

Eftersom den är jäst med jäst istället för bakpulver har baban en svampig konsistens som är perfekt för att suga upp romsirapen. Vissa versioner bakas i muffinsformar i miniatyr, andra har en vaniljsåsfyllning. Jag gillar att servera detta med jordgubbar och vispgrädde vid sidan av; Det är inte typiskt, men det är utsökt och bra för presentation.

1 paket (2 1/2 tsk) aktiv torrjäst eller snabbjäst

$1$1/4 kopp varm mjölk (100 till 110°F)

6 stora ägg

2$2$/3 dl universalmjöl

3 matskedar socker

$1$1/2 tsk salt

3/4 kopp (1$1$/2 sticks) osaltat smör, i rumstemperatur

sirap

2 koppar socker

2 koppar vatten

2 (2 tum) remsor citronskal

$1$1/4 kopp rom

1.Smörj en 10-tums tubpanna.

2.Strö jästen över den varma mjölken. Låt stå tills det är
krämigt, ca 1 minut, rör sedan om tills det lösts upp.

3. I en stor bunke, använd en elektrisk mixer på medelhastighet, vispa äggen tills de är fluffiga, ca 1 minut. Blanda mjöl, socker och salt. Tillsätt jäst och smör och vispa tills det är väl blandat, cirka 2 minuter.

4. Bred ut degen i den förberedda pannan. Täck med matfilm och låt jäsa på en varm plats i 1 timme eller tills degen har fördubblats i volym.

5. Sätt ett galler i mitten av ugnen. Värm ugnen till 400°F. Grädda kakan i 30 minuter eller tills den är gyllenbrun och en tandpetare som sticks in i mitten kommer ut ren.

6. Vänd ut kakan på ett galler som svalnar. Ta bort pannan och låt den svalna i 10 minuter.

7. För att göra sirapen, kombinera socker, vatten och citronskal i en medelstor kastrull. Koka upp blandningen och rör tills sockret lösts upp, cirka 2 minuter. Ta bort citronskalet. Tillsätt romen. Spara 1/4 kopp av sirapen.

8:a.Lägg tillbaka kakan i formen. Använd en gaffel för att sticka hål över hela ytan. Häll långsamt sirapen över den fortfarande varma kakan. Låt svalna helt i pannan.

9.Precis innan servering vänder du kakan och ringlar över resten av sirapen. Servera omedelbart. Förvara täckt med en omvänd behållare i rumstemperatur i upp till 2 dagar.

Mormors tårta

Nonna tårta

Ger 8 portioner

Jag kunde inte bestämma mig för om jag skulle lägga till detta recept som heter Torta della Nonna till tårtorna eller till tortorna; Men eftersom toscanerna kallar det torta, räknar jag det som torta. Den består av två lager deg fylld med en tjock konditorivaror. Jag vet inte vem som uppfann den, mormor, men alla älskar sin tårta. Det finns många varianter, några med citronsmak.

1 dl mjölk

3 stora äggulor

1/3 kopp socker

11/2 tsk rent vaniljextrakt

2 msk universalmjöl

2 msk apelsin- eller romlikör

Mått

12/3 kopp universalmjöl

11/2 kopp socker

1 tsk bakpulver

11/2 tsk salt

11/2 kopp (1 pinne) osaltat smör, vid rumstemperatur

1 stort ägg, lätt uppvispat

1 tsk rent vaniljextrakt

1 äggula vispad med 1 tsk vatten, för uppvispat ägg

2 msk pinjenötter

florsocker

1.Värm mjölken på låg värme i en medelstor kastrull tills det bildas bubblor runt kanterna. Ta bort från elden.

2.I en medelstor skål, vispa äggulor, socker och vanilj tills det är ljust gult, cirka 5 minuter. Tillsätt mjölet. Tillsätt gradvis den varma mjölken under konstant omrörning. Tillsätt blandningen i grytan och låt koka på medelvärme under konstant omrörning tills det kokar. Sänk värmen och låt sjuda i 1 minut. Häll blandningen i en skål. Tillsätt likören. Lägg en bit plastfolie direkt på ytan av vaniljsåsen för att förhindra att ett skinn bildas. Kyl i 1 timme till över natten.

3.Sätt gallret i mitten av ugnen. Värm ugnen till 350°F. Smörj en 9x2 tums rund kakform.

4.Förbered degen: Blanda ihop mjöl, socker, bakpulver och salt i en stor skål. Använd en stavmixer och tillsätt smöret tills blandningen liknar grova smulor. Tillsätt ägg och vanilj och blanda tills en deg bildas. Halvera degen.

5.Fördela hälften av degen jämnt över botten av den förberedda formen. Tryck ut degen i botten av formen och upp sidorna 1/2 tum. Bred ut den kylda vaniljsåsen i mitten av degen, lämna en 1-tums kant runt kanten.

6.Kavla ut resterande deg på en lätt mjölad arbetsyta till en cirkel 23 cm i diameter. Lägg degen över fyllningen. Tryck till kanterna på degen för att täta den. Pensla det uppvispade ägget över kakan. Strö över pinjenötterna. Använd en liten kniv och gör flera skåror i toppen så att ånga kan komma ut.

7.Grädda i 35 till 40 minuter eller tills toppen är gyllenbrun. Kyl i pannan på galler i 10 minuter.

8:a.Vänd ut kakan på ett galler och vänd sedan ut den på ett annat galler för att svalna helt. Strö över strösocker före servering. Servera direkt eller slå in kakan i plastfolie och ställ i kylen i upp till 8 timmar. Slå in och förvara i kylen.

Aprikos- och mandelkaka

Torta di Albicocche och Mandorle

Ger 8 portioner

Aprikoser och mandel är mycket tolererbara smaker. Om du inte hittar färska aprikoser, ersätt dem med persikor eller nektariner.

tillsats

2⁄3 kopp socker

11/4 kopp vatten

12 till 14 aprikoser eller 6 till 8 persikor, halverade, urkärnade och skivade i 1⁄4 tum tjocka skivor

Kaka

1 kopp universalmjöl

1 tsk bakpulver

1 1/2 tsk salt

1 1/2 kopp mandelmassa

2 msk osaltat smör

2/3 kopp socker

1 1/2 tsk rent vaniljextrakt

2 stora ägg

2 1/3 kopp mjölk

1. Förbered toppingen: Häll socker och vatten i en liten,
   tjock kastrull. Koka på medelvärme, rör om då och då,
   tills sockret är helt upplöst, cirka 3 minuter. När
   blandningen börjar koka, sluta röra och koka tills sirapen
   börjar få färg runt kanterna. Snurra sedan pannan
   försiktigt över värmen tills sirapen har en jämn
   gyllenbrun färg, ca ytterligare 2 minuter.

2. Skydda din hand med en ugnsvante, häll omedelbart
   karamellen i en 9x2-tums rund pajform. Luta pannan så

att den täcker botten jämnt. Låt karamellen svalna tills
den är fast, ca 5 minuter.

3.Placera ugnsgallret i mitten av ugnen. Värm ugnen till
350°F. Ordna den skivade frukten i cirklar ovanpå
karamellen, överlappande något.

4.Blanda mjöl, bakpulver och salt i en finmaskig sil över en
bit vaxat papper. Sikta de torra ingredienserna på
pappret.

5.I en stor skål med en elektrisk mixer, vispa
mandelmassa, smör, socker och vanilj tills det är fluffigt,
cirka 4 minuter. Rör ner äggen ett i taget, skrapa sidorna
av skålen. Fortsätt vispa tills den är slät och väl blandad,
ca 4 minuter till.

6.Med mixern på låg hastighet, tillsätt 1/3 av
mjölblandningen. Tillsätt 1/3 av mjölken. Tillsätt resten
av mjölblandningen och mjölken i ytterligare två
omgångar på samma sätt, avsluta med mjölet. Rör om
tills allt är slätt.

7.Häll smeten över frukten. Grädda i 40 till 45 minuter eller tills kakan är gyllenbrun och en tandpetare i mitten kommer ut ren.

8:a.Låt kakan svalna i formen på galler i 10 minuter. Kör en tunn metallspatel runt insidan av pannan. Vänd upp kakan på ett serveringsfat (frukt på toppen) och låt svalna helt innan servering. Servera omedelbart eller täck med en omvänd skål och förvara i rumstemperatur i upp till 24 timmar.

Sommarfruktkaka

Torta dell'Estate

Ger 8 portioner

Mjuka stenfrukter som plommon, aprikoser, persikor och nektariner passar till denna tårta. Prova en kombination av frukt.

12 till 16 plommon eller aprikoser eller 6 medelstora persikor eller nektariner, halverade, urkärnade och skurna i 1⁄2-tums skivor

1 kopp universalmjöl

1 tsk bakpulver

1 1/2 tsk salt

1 1/2 kopp (1 pinne) osaltat smör, vid rumstemperatur

2⁄3 kopp plus 2 msk socker

1 stort ägg

1 tsk citronskal

1 tsk rent vaniljextrakt

florsocker

1.Sätt gallret i mitten av ugnen. Värm ugnen till 350°F.
Smörj en 9-tums springform.

2.I en stor skål, blanda ihop mjöl, bakpulver och salt.

3.I en annan stor skål, vispa smöret med 2/3 dl socker tills
det är fluffigt, cirka 3 minuter. Blanda ägg, citronskal och
vanilj till en slät smet. Tillsätt de torra ingredienserna
och rör om tills det är väl blandat, ungefär en minut till.

4.Bred ut degen i den förberedda pannan. Ordna frukten
ovanpå i koncentriska cirklar, något överlappande. Strö
över resterande 2 msk socker.

5.Grädda i 45 till 50 minuter eller tills kakan är gyllenbrun
och en tandpetare i mitten kommer ut ren.

6.Låt kakan svalna i formen på galler i 10 minuter och ta
sedan bort sidorna på formen. Låt kakan svalna helt. Strö

över strösocker före servering. Servera omedelbart eller täck med en omvänd skål och förvara i rumstemperatur i upp till 24 timmar.

Höstens fruktkaka

Hösttårta

Ger 8 portioner

Äpplen, päron, fikon eller plommon passar bra till denna enkla tårta. Degen bildar ett översta lager som inte helt täcker frukten, vilket gör att den syns genom kakans yta. Jag gillar att servera den lite varm.

1½ dl universalmjöl

1 tsk bakpulver

1½ tsk salt

2 stora ägg

1 kopp socker

1 tsk rent vaniljextrakt

4 matskedar osaltat smör, smält och kylt

2 medelstora äpplen eller päron, skalade, urkärnade och tunt skivade

florsocker

1.Sätt gallret i mitten av ugnen. Värm ugnen till 350°F. Smörj och mjöla en 9-tums springform. Skopa ur överflödigt mjöl.

2.Blanda mjöl, bakpulver och salt i en skål.

3.Vispa ägg, socker och vanilj i en stor skål tills det är väl blandat, cirka 2 minuter. Blanda smör. Tillsätt mjölblandningen tills den blandas, ca 1 minut till.

4.Bred ut hälften av degen i den förberedda pannan. Täck med frukten. Lägg resten av degen ovanpå, matsked för matsked. Fördela degen jämnt över frukten. Lagret blir tunt. Oroa dig inte om frukten inte är helt täckt.

5.Grädda i 30 till 35 minuter eller tills kakan är gyllenbrun och en tandpetare i mitten kommer ut ren.

6.Låt kakan svalna i formen på galler i 10 minuter. Ta bort sidan av pannan. Låt kakan svalna helt på galler. Servera varm eller i rumstemperatur med en strö strösocker. Förvara täckt med en stor uppochnedvänd skål i rumstemperatur i upp till 24 timmar.

Polenta och päronkaka

söt polenta

Ger 8 portioner

Gult majsmjöl ger denna rustika venetianska kaka en härlig konsistens och varm gyllene färg.

1 kopp universalmjöl

1⁄3 dl finmalet gult majsmjöl

1 tsk bakpulver

11/2 tsk salt

3⁄4 dl (11⁄2 sticks) osaltat smör, mjukat

3⁄4 kopp plus 2 msk socker

1 tsk rent vaniljextrakt

11/2 tsk citronskal

2 stora ägg

1 1/3 kopp mjölk

1 stort moget päron, urkärnat och tunt skivat

1.Sätt ett galler i mitten av ugnen. Värm ugnen till 350°F. Smörj och mjöla en 9-tums springform. Skopa ur överflödigt mjöl.

2.I en stor skål, blanda ihop mjöl, majsmjöl, bakpulver och salt.

3.I en stor skål med en elektrisk mixer, vispa smöret och tillsätt gradvis 3/4 kopp socker tills det är ljust och fluffigt, cirka 3 minuter. Rör ner vanilj och citronskal. Rör ner äggen ett i taget, skrapa sidorna av skålen. På låg hastighet, tillsätt hälften av de torra ingredienserna. Tillsätt mjölken. Rör i resten av de torra ingredienserna tills den är slät, ca 1 minut.

4.Bred ut degen i den förberedda pannan. Lägg päronskivorna ovanpå, lite överlappande. Strö över päronet med de återstående 2 msk socker.

5. Grädda i 45 minuter eller tills kakan är gyllenbrun och en tandpetare i mitten kommer ut ren.

6. Låt kakan svalna i formen på galler i 10 minuter. Ta bort kanten från formen och låt kakan svalna helt på galler. Servera omedelbart eller täck med en stor uppochnedvänd skål och förvara i rumstemperatur i upp till 24 timmar.

Milton Keynes UK
Ingram Content Group UK Ltd.
UKHW020911201123
432908UK00020B/2937